数字芯核电路版权保护技术与应用

梁 伟 著

东南大学出版社
SOUTHEAST UNIVERSITY PRESS
·南京·

图书在版编目(CIP)数据

数字芯核电路版权保护技术与应用/梁伟著.—南京:东南大学出版社,2015.4

ISBN 978-7-5641-5585-8

Ⅰ.①数… Ⅱ.①梁… Ⅲ.①计算机网络—安全技术—版权—保护—研究 Ⅳ.①D913.04

中国版本图书馆CIP数据核字(2015)第053209号

数字芯核电路版权保护技术与应用

出版发行	东南大学出版社
出 版 人	江建中
社　　址	南京市四牌楼2号
邮　　编	210096
经　　销	全国各地新华书店
印　　刷	江苏凤凰数码印务有限公司
开　　本	880 mm×1230 mm　1/32
印　　张	7
字　　数	205千字
书　　号	ISBN 978-7-5641-5585-8
版　　次	2015年4月第1版
印　　次	2015年4月第1次印刷
印　　数	1～1 501册
定　　价	32.00元

(本社图书若有印装质量问题,请直接与营销部联系,电话:025—83791830)

前　言

随着 IC(Integrated Circuit)半导体集成电路技术的快速发展，数字电子产品的应用已经渗透到人们日常生活中的方方面面，人们对于其安全性的关注度也与日俱增[1-2]。伪造、克隆、逆向工程以及在产品中加入恶意元器件等行为已经成为信息时代所面临的最严峻的挑战之一，电路复用、抄板等电子处理技术与软件在给 IC 设计企业带来极大便利并降低生产周期的同时，也给非法企业窃取 IC 机密版权信息提供了可能。如果 IC 版权信息保护不当，那么半导体 IC 制造行业通常会在电子产品的知识产权 IP(Intellectual Property)保护上遭受到巨大的损失。如何对集成电子产品进行有效的知识产权的保护一直是计算机科学研究中的基本问题。

数字水印是一种用来鉴定文件版权信息的传统技术。其名称来源于纸质上的半透明标记的原始技术。近年来，为了保护其他格式文件的版权，类似技术的应用引起了人们极大的兴趣，特别是数字水印技术在数字 IP(Intellectual Property)电路产品所有权保护上的应用[3-4]。顾名思义，数字芯核水印技术就是将数字信息嵌入到 IP 中并使之难以检测和移除。隐藏的信息能够唯一标识作者或者 IP 所有者，并且难以被人察觉。数字水印在必要时能作为证据提交法庭，以证明 IP 的所有权。通常，数字水印的存在能够防止 IP 的非法使用，从而避免了法律诉讼问题。

数字芯核水印技术通常也称为 IP 水印技术，它是一门应用芯核电路载体的冗余信息来隐藏秘密信息的新技术。它的概念起源于 Foundry 提供的安全标准单元库，现指在可重复使用的集成电路模块中隐藏特定的数字标记信息的方法。在数字芯核水印系统设计中，对数字芯核水印的兴趣源于能够使可复用 IP 技术得到健康的发展，合法 IP 模块的复用设计可以保证 IP 设计更高的研发效率和减少上市周期[5−6]。本书重点关注数字 IP 设计中的 IP 知识产权保护问题。IP 核可以通过多种形式进行描述。从硬件描述语言中的行为描述到实际布局，防止 IP 被不正当使用问题与 IP 提供者和开发集成软件的计算机辅助设计公司都密切相关。芯核水印技术是最直接的解决方法，它能从电子产品中有效地提取出电路的原始版权信息。数字芯核水印技术在电子信息技术领域有着非常广泛的应用前景。因此，研究芯核电路知识产权保护的关键技术不仅在实际应用中具有深远的意义，而且该技术也为电路安全技术的发展带来了新的挑战，如电路空间消耗过大、水印安全性较低、水印嵌入速度较慢等新问题。因此，如何来提高国家信息安全环境下的电路产品的版权保护与安全认证问题是我国信息安全技术快速发展的重要保障之一。

本书主要内容为芯核电路知识产权保护的关键技术，主要包括基于混沌映射的芯核水印、基于 FSM 时间约束的芯核水印、现场可测试的芯核水印、分散隐藏策略的高容量芯核水印、零知识芯核水印盲检测以及隐秘信息自恢复双重芯核水印等方案内容。全书内容共四篇，总计九章。第一篇内容共两章，主要介绍了本书相关研究的意义、当前相关研究的背景知识以及芯核电路保护的基础知识等。第二篇内容共四章，主要介绍了芯核水印的相关技术方法，提出了一种基于混沌映射的芯核水印结构，提出了一种基于 FSM 冗余属性特征的时间约束芯核水印方法，提出了一种适用于可测试环境下的多扫描链芯核水印算法，提出了一个支持高容量嵌入的 FPGA 芯核水印方法等。第三篇内容共两章，主要介绍了基于零知识证明协议的芯核水印盲检测方法，以及一种基于隐秘信息自恢复机制的双重芯核水印认证算法。第四篇内容共一章，主要介绍了一种自主开发的集成电路知识产权保护原型系统，本章重点介绍了原型系统中各种方法的水印嵌入、提取、检测以及认证等工作。

本书的主要内容是作者多年从事芯核水印技术研究的一点成果，本书的建议读者对象为从事芯核电路设计及其应用等相关领域的研究人员。

本书由湖南科技大学梁伟博士执笔，徐建波教授统稿，李雄博士校稿。感谢湖南大学张大方教授和哈尔滨工业大学深圳研究生院崔爱娇博士对本书的相关内容提出了许多宝贵的意见，另外还感谢为本书校稿的博士生彭理、龙静，硕士生盛勇、钱鑫等同学。

本书的出版得到湖南科技大学学术著作出版基金资助，同时还要感谢国家自然科学基金项目(61202462)、湖南省教育厅科学研究重点项目(14A047)、湖南省自然科学基金项目(13JJ3091)、湖南省自然科学基金湘潭联合基金(11JJ9014)项目等的资助!

本书针对芯核电路知识产权保护的关键技术进行了浅显的研究，由于学识浅陋，见闻不广，必有许多不足之处，望同行指正。

梁　伟

2015 年 4 月

目　录

第一篇　芯核水印技术基础

数字水印技术在多媒体数据版权保护中的应用已经发展到了成熟阶段，而在嵌入式系统与集成电路设计等方面的应用仍然起步不久[7]。一些大学与研究机构的学者开始探索将数字水印技术引入到FPGA集成电路设计中，以解决其版权的保护问题。由于集成电路这种特殊载体对功能要求十分严格，因而多媒体数字水印方案直接应用到集成电路完全行不通。考虑到集成电路的自身特点及其所依赖的相关技术，可以从集成电路的特征为出发点，设计集成电路芯核的水印算法。本篇的内容共两章，各章节内容概括如下：

第1章为绪论，主要介绍了本书相关研究的意义，然后简要介绍了当前相关研究的背景，最后给出了全书的结构及主要工作。

第2章介绍了IP水印技术的定义以及发展历程、IP版权保护技术的分类、FPGA的结构组成、IP设计流程、FPGA开发工具以及IP水印技术目前的国内外研究现状等，全面归纳了芯核水印在FPGA设计领域的缺陷和面临的安全挑战，最后对本文的相关基础进行分析并做出总结。

1 绪论

本章首先介绍了本书相关研究的意义，然后简要介绍了当前相关研究的背景知识，最后给出了全书的结构及主要工作。

1.1 研究意义

超大规模集成电路(Very Large Scale Integration，VLSI)单个芯片上晶体管的数量增长能力到2015年可达到百亿数量级[8]。然而，每过12个月芯片制造能力的提高约为58%，设计能力却只能提高21%，在这种情况下，芯片制造能力与设计能力的差距将变得越来越大，原有的垂直型芯片设计模式已无法满足当今芯片设计的需求[9]。因此，为了能在VLSI设计过程中解决芯核(IP)产品的诸多问题，譬如完善设计结构、降低产品成本、缩短设计周期和降低市场风等，建立一种新型高效安全的芯核可复用技术(Reused IP)已势在必行。

集成电路(Integrated Circuit，IC)产业作为国民经济中具有先导型、战略性的基础工业，其技术水平和产业规模已成为一个国家经济发展、科技进步和工业实力的重要标志，它的发展将给信息产业、装备制造业以及信息化的发展带来重大变化。近年来，在国家产业政策引导和市场需求带动下，我国集成电路产业快速发展，产业规模迅速扩大，技术水平显著提升。2011年国内集成电路产业销售额达到1 572.21亿元，销售额同比增长9.2%。其中，IC设计业销售额473.74亿元，芯片制造业销售额486.91亿元，封装测试销售额611.56亿元。国内企业(和个人)累计的授权发明总数达到18 297件。国内企业(和个人)集成电路布图设计登记达到4 262件，占总量的87.09%[10]。

随着集成电路技术的迅猛发展，人们可以方便地利用芯核可复用技术设计和制造各种电子产品[11]。与此同时，而在数字电路时代，大规模集成电路抄板的工艺已经到达了一个很高的水平，集成电路技术发展使得电路版权信息的复用和传输变得更加简单和方便。一些非法厂商和个人为了达到缩短产品开发周期的目的，通过可复用 IP 技术对一些芯核在非授权的情况下进行盗用，这样导致每年的芯核知识产权纠纷问题急速上升。从图 1.1 中可以看出：单一芯片上晶体管的数量平均每年将增长 58%(Complexity Growth Rate)，而系统设计人员每人每月能够设计的晶体管数量平均每年增长 21%(Productivity Growth Rate)。不难看出，随着时间的推移，芯片制造能力与设计能力之间的差距将进一步拉大，从而造成设计危机[12]。

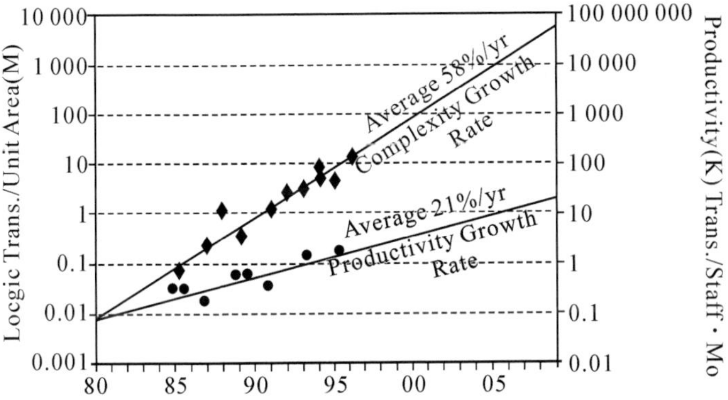

图 1.1　芯核产品年增长率比较图

我们通过复用方法将这些预先设计好并验证成功的电路模块引入待开发的系统，这样可以成为 IP 产品开发中降低成本和减少产品上市时间最有效的方法之一。这些已经成功验证、可以重复利用且具有某种确定功能的集成电路模块就是 IP 核，本文称之为芯核。芯核可以用于专用集成电路(ASIC)或者可编程逻辑器件(FPGA)。在集成电路设计中，可以将一些比较复杂且常用的功能块，如常用密码算法、FIR 滤波器及 USB 控制器等设计成可以修改参数的模块。其他用户可以直接调用这些模块完成复杂系统设计。重复使用这些芯核可以避免重复劳动，大大降低了设计者的负担与风险，加快了系统设计的进度[13]。

据统计，每年的芯核复用技术中由于版权侵害而造成的业界损失高达500亿美元[14]。典型的案例包括：2005年初，日立环球存储科技公司宣布对中国南方汇通微硬盘科技股份有限公司及其联营研究机构Riospring Inc提出诉讼，控告该公司侵犯日立GST硬盘机的多项芯核知识产品专利权[15]；2009年11月5日，南京源之峰公司侵犯上海华润矽威科技有限公司集成电路布图设计专有权纠纷一案，被告被要求停止侵害原告PT4115芯片布图设计专有权，销毁侵权产品，并赔偿原告的经济损失[16]。这些知识产权纠纷案例的出现，不仅给企业带来了巨大的经济损失，更对企业品牌的国际声誉和相关客户的合作关系造成严重破坏。面对如此众多的版权纷争，芯核可复用保护技术这一重要技术研究课题在全世界各地受到了普遍的关注。其中，如何防止数字芯核产品被侵权、盗版和随意篡改，已经成为世界各国亟待解决的热门课题。

因此，目前该技术已经受到国际学术界和企业界的高度关注[17]。芯核水印技术同时也是一门新兴的交叉应用学科，它涉及了不同学科领域的思想和理论，如微电子、信号处理、图像处理、信息论、编码理论、密码学、检测理论、概率论和随机理论、数字通信、对策论、计算机科学及网络技术、算法设计等技术，还包括许多公共策略和法律相关的问题，不但具有重要的学术意义，还有极为重要的经济应用价值。

1.2 研究背景

集成电路产业作为我国战略性新型产业之一，是国民经济和社会信息化的重要基础。近年来，在国家一系列政策措施的扶持下，我国集成电路产业得到了快速发展。《国务院关于印发进一步鼓励软件产业和集成电路产业发展若干政策的通知》(国发[2011]4号)进一步加大了对集成电路产业的扶持力度，扩大了扶持范围，优惠政策覆盖了产业链各个环节，产业发展环境将进一步得到优化。目前，以集成电路为核心的电子信息产业已经超过了以石油、钢铁、汽车为代表的传统工业，成为带动传统产业迈向信息化时代的强大引擎和雄厚基石。过去五年我国集成电路市场规模年均增速 14%，2011 年已经超过 8 000 亿元。预计到 2015 年，国内集成电路市场规模将超过 1 万亿元。发达国家国民经济总产值增长部分约 70%与集成电路有关[10]。

集成电路产业的发展中，低功耗和高集成度依然是技术竞争的焦点。芯片集成度仍将不断提高，并且将沿摩尔定律继续前进。片上系统(System on Chip，SoC)设计技术发展成为集成电路设计主导方向。在高度复杂的 SoC 系统中，设计能力和工艺水平之间的矛盾是制约 SoC 发展的突出障碍。如果一切从头开始设计，不但增加了设计的难度和复杂度，而且无法保证设计产品的上市时间。为了解决这个问题，业内提出一种复用技术，也就是将经过预先设计、实现并验证成功的集成电路模块重用于 SoC 设计。复用技术的提出，不仅降低了设计层次及复杂性，而且大大缩短了产品的设计周期。目前，这项技术已成为当今超大规模集成电路的主流技术[11-16]。复用技术的发展创造了一个繁荣高效的市场，但是，这种快速设计技术的使用也带来了极大的版权盗用风险。集成电路模块的设计需要半导体企业或机构花费大量的财力和物力。若侵权者可以轻而易举地对集成电路进行盗用并仿制，将严重损害开发者的利益并且极大挫伤半导体公司或机构的开发积极性。据集成电路行业巨头英特尔公司统计，通过盗用集成电路可以节省 90%以上的开发成本和一年半左右的开发时间[17-18]。近年来，集成电路的版权盗用在亚洲尤其是在我国呈现泛滥的趋势，严重制约了集成电路产业的发展，阻碍了我国国民经济发展和社会进步。据统计，每年因为版权侵害而造成的业界损失高达 5 亿美元[19]。针对集成电路发展中版权盗用问题，工业和信息化部门制定的《集成电路产业“十二五”发展规划》中也反复强调实施知识产权战略，加大知识产权的保护力度，以促进市场公平有序的健康发展。本文将研究集成电路知识产权的保护方法。

1.3 研究现状

1.3.1 FPGA 芯核水印技术

(1) 基于 FPGA 的物理级 IP 水印技术

目前在物理抽象层次中实现的 IP 水印研究方法是最多的[19−21]。美国弗吉尼亚大学 Kahng 等人首先提出由约束生成器将待嵌入水印映射为一组附加的约束条件，利用 NP 问题求解中的三元可满足性问题在物理级中嵌入水印[22]；Yip K 等人[25]提出一种基于 FPGA 在物理级的芯核水印算法，该算法可以通过公钥的形式对公众水印信息进行认证；考虑到在物理级中的后端处理过程较为安全可靠，日本 Kochi 大学 Nie T 等人[26]提出一种物理设计后端水印方法，该方法利用图论和拓扑学理论将物理版图抽象为图，利用搜索算法和优化算法进行水印嵌入；为了能更好地提高物理级后端版图设计的灵活性，印度 Calcutta 大学 R. Halder 等人[27]将数字系统设计对应的图形作为输入，利用一种基于 LFSR 的加锁方案，对图形进行加密和水印嵌入，但是这种方法对水印嵌入提出了许多限制条件，导致水印在物理级中检测较为困难；印度统计研究所 D. Saha 等人[28]也提出一种新型的物理层安全水印方法，该方法利用加密算法和水印技术对 VLSI 物理设计进行直接保护和间接保护，通过这种方法来缓解水印提取困难以及水印嵌入时开销增大等问题；由于 FPGA 设计平台具有很好的数据处理与算法验证的功能，美国 Georgia 理工大学 Pratik M. Marolia 等人[29]提出了基于 FPGA 平台的物理级 IP 水印方法，该方法主要通过修改 FPGA 设计的走线，将签名水印信息嵌入到 FPGA 设计生成的比特流中；国内陆健峰等人[30]在物理级前处理过程中提出一种基于时间约束的 FPGA 数字水印技术，其基本思想是将准备好的水印标记嵌入非关键路径上的时间约束来定制最终的下载比特流文件，同时不改变设计的原始性能；由于在物理级设计过程中算法的安全性较弱，苗胜等人[31]通过将用户身份信息作为水印嵌入FPGA的独特结构中以达到保护IP核安全，防止非法扩散的目的；Nie T等人[32]在物理级IP水印的后布局布线图中设计了一种IP水印技术验证平台，并对平台的基本设计过程进行了介绍，同时分析了现有IP水印平台在IP水印评估过程中的作用。张吉良等人[33-35]在物理抽象级中利用FPGA的比特流文件配置技术提出了一种IP水印方法，该方法对电路的开销性能影响较小。

(2) 基于FPGA的结构级IP水印技术

德国Erlangen-Nuremberg大学Daniel Ziener等人[36,37]首次提出一种新型的基于FPGA的IP水印技术，通过将签名信息嵌入到IP中，利用FPGA电源引脚进行水印提取，此外该团队还提出一种基于网表结构的新型水印技术，通过动态约束FPGA设计中逻辑表的可寻址部分，将签名信息嵌入到空闲的LUT(查找表)中，但这两种方法由于在IP水印添加过程中会产生很多额外的电路处理痕迹，从而导致IP水印的安全性能严重下降。而美国Southern Illinois大学Khan等[38]提出了一种“后处理”的水印嵌入方式，通过冗余添加/删除技术修改网表结构，从而可以在结构级中嵌入IP水印。当一个冗余的连接添加到电路上时，可能会产生一系列新的冗余连接，删除这些新增冗余连接之后，得到的新电路功能与原电路相同，若仍满足时延等指标约束，就可用新电路替换原电路，这就是冗余添加/删除技术的基本思想；另外，D. Kirovski等人[39]提出一种结构级组合逻辑IP水印技术，将数字水印信息映射为一组附加约束条件后提交给综合工具，来控制结构级的逻辑综合、优化以及工艺映射过程，最终生成独特的设计输出水印向量，然而这种方法对约束的长度提出较高的要求，若采用长度较短的约束，则在安全方面将存在较大的隐患。反之若约束过长，将会带来较大的水印嵌入硬件开销。Jianbo Xu等人[40]在结构级中提出一种添加冗余逻辑的方法，该方法首先是利用压缩函数将加密后的版权信息构造成特定的线性组合表达式，然后将生成的线性组合表达式转换成水印嵌入时的位置信息与待嵌内容信息，最后通过图 1.2 中的添加冗余逻辑约束的方法将分散隐藏的信息嵌入到 FPGA 的电路设计结构中。该方法能够以较小的实际水印嵌入量标识更多的版权信息，具有水印容量大、资源开销小以及安全性能较高等优点。

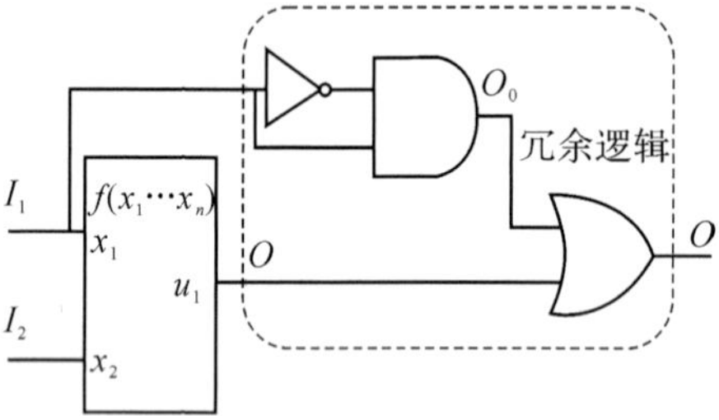

图 1.2　水印嵌入实例

(3) 基于 FPGA 的行为级 IP 水印技术

在面向 FPGA 实现的行为级 IP 水印方法研究中，Castillo 等[41]提出了在行为级 HDL 描述中就嵌入水印的方法，其本质思想还是利用 FPGA 的特殊内部结构，在未用查找表和已用查找表的空隙中写入水印数据。其主要的硬件开销是要增加水印提取的逻辑，在检测到特定的输入序列后，此逻辑将顺次给出水印的存放地址，并路由水印数据到输出端口。相对于 N. Raj 等人[42]的方法，该方案的优点是水印提取方便，但水印提取逻辑电路也可能成为易受攻击的对象。Yu T. T. 等人[43]提出一种针对软 IP 核的保护方法，该方法主要将图像和文本的版权信息通过特定的比特流文件嵌入到软 IP 核中，用较小的开销实现实时检测的效果。Cai X. 等人[44]通过随机选择一系列水印位置，将水印约束分散嵌入到设计的布局布线级，并提出一种基于约束的 IP 水印保护平台和硬核保护系统，这种方法优于传统的约束水印平台设计方案，适用于 IC 标准单元设计以及全定制设计。Sun G. 等人[45]提出一种基于缓冲器插入技术的 IP 水印方法，此外还在约束水印的基础上，提出在行为级嵌入水印的层次化水印技术。

Lin 等人[46]提出一种基于硬件描述语言的行为级 IP 水印保护方法，该方法主要是将一个特定的水印检测模块嵌入到硬件描述语言中，该方法具有较好的抵抗伪造攻击的能力。

(4) 基于 FPGA 的系统级 IP 水印技术

在系统级上 IP 水印的研究成果报道最为少见。目前只有英国 Strathclyde 大学 Chapman 等人[47]报道了其用于 SoC 实现的数字信号处理(DSP)算法的 IP 产权保护的算法。该算法主要提出了一种基于窗函数修改的水印方案，故未经授权的用户不可能得知嵌入在窗函数的 IP 水印信息，但这种方法由于采用水印的长度较短而使得该水印技术安全性较差。

1.3.2　FSM 芯核水印技术

基于 FSM 的 IP 水印在整个数字 IP 水印研究中也是较多的，从图 1.3 中可知：Torunoglu 等人[48]的主要思想是利用状态变迁图(STG)中未用的变迁，选择一些添加到原来的 STG 中，并且这些新增变迁构成一条 Euler 路径来标示水印；Oliveira 等人[49]将 128bit 的水印信息根据输入信号位宽分割成一组组比特流片段信息构成输入序列，然后设计者修改 STG 状态信息来嵌入水印；为了进一步增强基于 FSM 的 IP 水印的可检测性，Abdel-Hamid 等人[50]也相继提出了基于有限状态机(FSM)对时序电路添加 IP 水印的方法。该类算法在密钥 K 控制的基础上，将呈现一定的随机性，这样不同的设计者输入不同的密钥，可生成不同的变迁添加方案。检测时，需要给定水印起始状态和水印输入序列，就能很方便地读取水印的输出序列。为了更好地提高基于 FSM 的 IP 水印在行为级中的安全性能，Xu W. 等人[51]提出一种基于 FSM 技术的软 IP 水印的版权保护方法，并主要通过 FSM 技术对 IP 水印进行实时保护，并在原有的 FSM 水印基础上进行了一些改进，但仍然存在水印在嵌入过程中安全性不高和功耗开销较大的问题。Cui 等人[52]在 SoC 可测试性设计的行为层中，利用 FSM 精简技术在测试扫描中的单扫描链结构进行水印嵌入，由于所使用的 FSM 精简技术一般不会破坏 IP 水印，所以该方法中水印的可跟踪性较好，可以在较低设计层次甚至在芯片流片之后检测到水印信息。在 FSM 水印方法研究中，该团队还在行为层中提出一种混合 IP 水印方法，该方法在 FSM 技术设计的基础上，利用扫描链间扫描单元的排序来嵌入水印，该方法设计简单，但安全性和开销值有待改善。Wei Liang 等人[53]提出了一种基于有限状态机的 IP 水印算法，该方法在 IP 水印嵌入的安全性和硬件资源节省方面具有较好的效果。

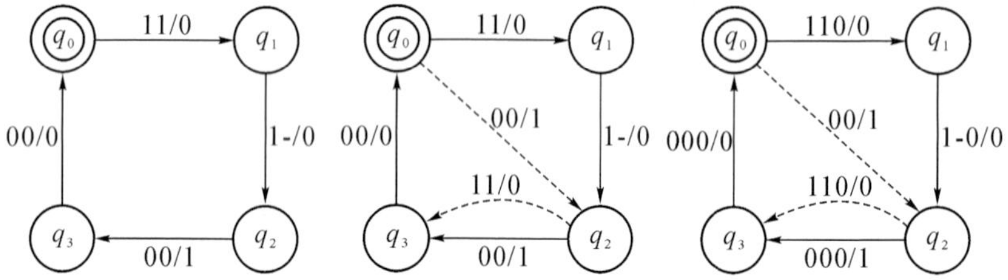

图 1.3　FSM IP 水印嵌入实例

1.3.3　可测试芯核水印技术

可测试 IP 水印技术研究是近几年以来国内外学者的研究热点，这些研究主要集中在基于扫描链结构的 IP 水印研究方面。Fan Yucheng 等人[54]在可复用 IP 中添加水印发生电路，并提出了五种可行的水印隐藏方法。根据水印的嵌入规则，在芯片的输出端可以检测到水印，但这种方法一旦公开了嵌入规则，水印发生电路很容易被去除；不仅如此，攻击者只需知道水印输入序列及起始状态后，便可以很容易地消除这些添加的冗余状态，从而删除水印。在扫描链和扫描森林结构的 IP 测试水印设计方面，D. Saha 等人[28]提出在 VLSI 的可测试性设计技术的基础上，利用扫描链的测试结构，分别对 IP 的物理设计工具和逻辑设计工具嵌入了设计者的签名信息，从而达到对 IP 版权保护的目的。但是这种方法的水印提取和检测较为困难。Cui 等人[56-58]在可测试 IP 水印技术中提出了逻辑再综合方法相类似的思想，如图 1.4 所示：该方法将设计输出中非关键的一些小模块用相同逻辑功能、不同网表结构的电路替换，生成独特拓扑结构的网表，通过对扫描链中扫描寄存器单元的权限值进行独特的排序处理来最终得到水印标示信息。Raj N 等人[59]在行为级中构造出了一种扫描链的 IP 水印结构，该方法主要为扫描链 IP 水印结构中的水印覆盖率的提高提供了有效的途径，但是在抵挡共谋攻击的影响和降低硬件功耗开销等方面还有改进的空间。

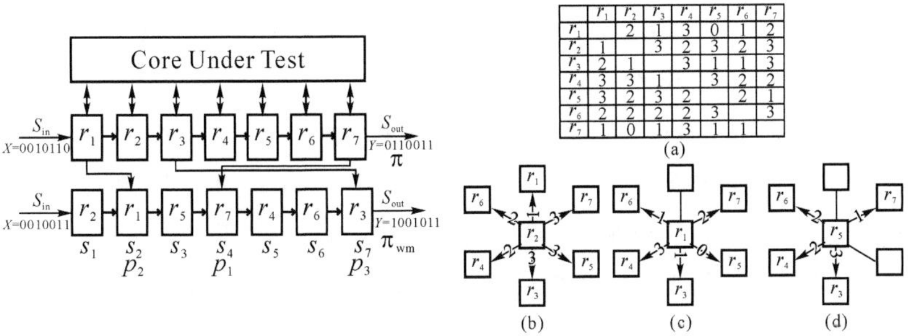

	r_1	r_2	r_3	r_4	r_5	r_6	r_7
r_1		2	1	3	0	1	2
r_2	1		3	2	3	2	3
r_3	2	1		3	1	1	3
r_4	3	3	1		3	2	2
r_5	3	2	3	2		2	1
r_6	2	2	2	2	3		3
r_7	1	0	1	3	1	1	

图 1.4　可测试 IP 水印嵌入实例

1.4　本书主要工作及结构

对于芯核版权保护技术而言，提供一个安全、可靠和实用的芯核保护系统一直是众多的半导体企业和研究机构所致力的目标。为了提高芯核版权保护的安全可靠性，研究学者们相继提出了许多芯核水印保护方案。由于芯核水印系统应用场景的需要，传统芯核水印安全保护手段难以有效保障隐私权益，迫切需要新型水印方案对芯核版权所有者的知识产权做全方位的保护。此外，由于实际应用中必须考虑到水印的可实时检测问题。因此，在保证芯核水印安全性能的同时，研究芯核水印中具有可靠性和可检测性的方法，也是本文重点探讨的问题。

在芯核版权水印保护技术中，水印保护机制需要能够同时保障身份的安全和认证的功能。这种要求乃是一个矛盾体，如果一个芯核水印信息需要认证，那么它必须知道对方的身份，而对方身份信息的公开又可能导致隐私信息的泄露。这一矛盾的存在，表明该领域的研究工作是一种全新的艰难的挑战。

本文针对已有工作的不足，基于信息隐藏技术、微电子学技术与嵌入式系统技术，以芯核电路版权保护为研究对象，从系统的不同水印解决方案入手，分别在 SoC 设计、FSM 设计以及可测试性设计中设计了五种不同的芯核水印方法，这些方法旨在安全、低开销、可靠和可检测四个目标中寻求一种平衡关系，以便更好地适应芯核水印系统的实际应用需求。主要的研究工作如下：

1. 在 SoC 设计过程中的物理抽象级 FPGA 芯核结构中，本文针对物理级中芯核保护灵活性较低和芯核开销较大的特点，提出一种基于混沌映射的芯核水印算法。该算法主要结合 FPGA 技术和数字水印技术，利用 FPGA 中查找表(LUT)结构的特点，在水印的设计与嵌入过程中采用了两重混沌映射加密的方法，前者采用散列化的混沌序列对水印信息进行混沌置乱处理，而后者采用的混沌映射主要是用于产生两个随机序列，并使用这两个随机序列来分别确定水印信息嵌入空闲 LUT 的位置和比特分组数目。在保证整个芯核水印电路逻辑功能不受影响的前提下，从 Virtex XCV600 - 6bg432 平台上的验证结果表明，该方法具有可跟踪性好、电路延时较低、鲁棒性较强以及资源开销较低等优点。

2. 在芯核电路设计的行为级约束模式下，本研究内容中提出了一种基于 FSM 的冗余属性特征的约束芯核水印算法。在该方案中，利用 FSM 典型的状态搜索算法选出时序电路中冗余逻辑状态，并以此冗余逻辑状态作为嵌入载体来嵌入水印。同时，为了能解决冗余逻辑状态信息中资源开销增大的问题，我们重点设计了一种基于最大延时时间约束状态的水印方法。此方法主要通过 FSM 的冗余状态中的时间延时信息来实现水印的嵌入和提取。倘若非法攻击者对冗余逻辑状态的时延信息进行攻击，版权保护者可以利用时间状态转换关系表来重新构建出冗余逻辑状态,从而确保芯核逻辑状态不受非法攻击的影响。通过对水印算法的分析与仿真实验表明:该算法能有效嵌入和提取水印信息,算法的计算复杂度低,具有较好的安全性与低开销性,同时还具有较强的抵抗常见攻击的能力。

3. 基于DFT技术的扫描链IP水印技术主要是通过对扫描链寄存器单元进行特定排序和重构来解决IP核的有效版权保护问题,本文中提出了一种用来解决向量相关度过大问题的多扫描链IP水印算法。算法中主要采用伪随机测试向量生成器来产生扫描输入测试向量序列,然后将该序列与待测IP电路共同构成具有不同向量相关度模型的扫描链水印结构,通过在扫描链结构中附加约束条件的方法来设计改变特定寄存器的状态信息,从而实现水印嵌入与提取。算法在不影响电路逻辑功能的条件下,既能有效地嵌入和提取出用户的合法版权信息,又能较好地降低单扫描链结构和多扫描链结构中测试向量的相关性过大的问题。实验结果表明:算法不仅在降低水印嵌入开销方面具有较好的性能,而且在可靠性方面也达到了较好的效果。

4. 公开的盲水印检测方案一直是目前密码检测系统需要迫切解决的方向[60]。在这部分内容中,我们主要在行为级中设计了一种基于交互式零知识证明的芯核水印盲检测方案。该方案把芯核水印信息零知识协议中的密钥阈值作为某个水印信息安全认证的凭据,该密钥阈值以及版权所有者的身份信息均通过零知识证明协议中的方法进行公开。水印在无需原始载体的情况下便能对水印信息进行有效的认证操作,从而提高了芯核版权所有者抵抗各种常规攻击的能力。同时,该方案还采用整体置乱和分组置乱算法分别对CLB资源配置信息进行了认证操作,进一步消除了配置信息被非法攻击者截获和破解的隐患。该方案将零知识芯核水印信息融合到已有的公钥加密方案中,弥补了其他芯核水印方案没有考虑在公共场合进行水印盲嵌入和盲提取的缺陷。仿真实验表明:该方案具有很好的透明性、安全性以及鲁棒性。

5. 针对水印信息受损后水印恢复取证困难的问题，本章主要提出了一种基于隐秘内容自恢复机制的数字 IP 水印方案。该方案从水印遭到非法攻击受损的设想出发，构造特殊表达式组合的形式来压缩水印的预处理信息，并通过在统计的索引表中插入未用 LUT 的冗余属性标识符来嵌入自恢复水印信息。实验结果表明：芯核在非法攻击的环境下，受损程度即使达到 40%，它仍能有效地自恢复出受损的水印信息。此方案不同于从水印系统防御控制角度入手的水印安全方案，不仅没有增加水印嵌入时带来的额外资源开销，而且在水印自恢复性能方面也表现出了较大的优势。

以上五种方案分别针对不同的应用场景进行设计，彼此间有一定的相互联系，也存在一定的区别：基于混沌映射的芯核水印算法是本文设计的 FPGA 芯核水印的设计方案，该方法重点对芯核水印位置的安全性进行设计；基于 FSM 的芯核水印算法是利用芯核电路中时间冗余属性特征来进一步研究水印在延时状态集中的水印嵌入方法；而基于向量相关度特征的多扫描链芯核水印算法又进一步弥补了可测试芯核水印方法中扫描链之间相容性带来的水印开销过大的问题；基于交互式零知识证明思想的芯核水印检测方案主要对芯核水印系统在公开密钥的环境下能够对水印信息进行盲检测；基于隐秘内容自恢复的双重芯核水印方案从水印在不同程度受损后进行自恢复的角度进行了研究。

本文以芯核版权保护技术中的芯核水印嵌入和检测方法为研究对象，从芯核版权拥有者的身份认证、个人隐私权益的保护入手进行深入探讨。为了有效地解决芯核水印中水印资源开销过高、水印安全性较弱以及水印可跟踪性较差等缺点，本文利用混沌映射理论、FSM 设计理论以及可测试性设计等相关领域的知识，分别提出了基于混沌芯核加密思想的芯核水印算法、基于 FSM 冗余属性特征的芯核水印算法以及基于向量相关性特征的可测试扫描链芯核水印算法。这三种算法在不同的研究领域中解决了芯核水印在资源开销和安全可靠性能方面的问题。由于他们对安全性和资源开销的要求有所区别，所以基于混沌映射的芯核水印算法适用于对水印实时性能要求较高的应用场合，基于 FSM 的芯核水印适合于对水印实时性能要求不是很高的应用场合，基于 DFT 多扫描链结构的芯核水印算法适合于大规模集成电路中对测试功耗要求较低以及对芯核电路稳定性要求较高的应用场合。

在研究了上述三种不同应用场景下的芯核水印方法之后，针对芯核水印系统的芯核版权拥有者和用户之间出现的双方交易可信度的问题，我们在论文中提出了一种基于交互式零知识证明的芯核水印盲检测方案，该方案在不需要第三方机构和原始载体参加的情况下，可以对芯核水印系统进行实时盲检测。该方案具有很好的检测稳定性、安全性以及鲁棒性等优点。另外，当芯核水印受到非法抗攻击的情况时，水印信息一旦遭到损坏，版权拥有者将无法对自己拥有的版权信息进行认证。因此，我们提出了一种基于隐秘内容自恢复机制的数字芯核水印认证方案，该方案在水印的损坏程度达到 40％时，仍能进行自恢复处理。该方案不仅具有较好的抵抗去除攻击的能力，而且在水印嵌入容量方面也表现出了较好的优势。

本书在芯核水印的嵌入、检测以及认证等方面进行了深入的阐述。针对不同的实际应用环境，全书组织结构安排如下：

第一章为绪论，介绍本书内容的来源、本书撰写的目的及意义、国内外芯核水印保护领域的相关研究动态，最后简述本书的主要工作与组织结构。

第二章是数字芯核水印技术概述。本章以芯核水印保护为主线，介绍了芯核版权保护技术的研究现状，详细讨论了芯核水印技术的相关问题以及现有工作的不足，并对芯核水印的检测技术和水印性能评估的指标进行了阐述，最后对芯核水印中的部分实验开发软件平台进行了介绍。

第三章研究基于混沌映射加密思想的 FPGA 芯核水印算法。该算法首先给出了混沌理论一些基本的数学模型；其次，对混沌芯核水印中的 LUT 水印嵌入原理、水印嵌入过程以及水印提取过程进行了详细的介绍；然后，对混沌芯核水印的算法性能及仿真进行了分析；最后对该算法在资源开销以及物理布局方面的实验结果进行了验证，并探讨了该方法的应用范围。

第四章研究基于FSM的冗余属性特征的芯核水印算法。该算法首先对FSM中的问题进行了描述和定义；然后，详细阐述了FSM中STG芯核水印的嵌入原理以及FSM芯核水印在STG中硬件实现水印嵌入的过程，并通过实例对STG中水印化的过程做了详尽的理论分析；最后，通过实验对算法的安全性能与可检测性能进行了理论分析，并对水印嵌入后算法的功能测试仿真以及抗攻击性能进行了实验评估和比较。

第五章研究基于向量相关度特征的多扫描链水印算法。该算法首先给出了向量相关度的模型，然后对扫描链水印结构的整体设计思想进行了介绍；其次，详细分析了多扫描链水印嵌入和检测的方法，并举例说明水印嵌入的过程；最后，对扫描链水印的资源、可靠性以及抗攻击性能进行了实验分析与比较。

第六章通过分析现有基于FPGA的芯核水印算法，提出一种基于分散隐藏策略的高容量FPGA芯核水印算法。该算法首先采用一种水印预处理压缩机制；然后，介绍如何利用压缩函数将加密后的版权信息构造成特定的线性组合表达式；最后，通过附加约束的方法可将版权信息分散隐藏到FPGA特定的电路设计结构中。本章的方法不仅能以更小的实际嵌入量来标识更多的水印信息，而且大大降低了水印嵌入所带来的性能影响。

第七章研究基于交互式零知识证明的芯核水印检测方案。该章中首先介绍了交互式零知识证明协议的基本原理和证明步骤；然后，对零知识芯核水印的生成、嵌入以及提取进行了详细的设计；其次，为了保证水印盲检测的安全性，设计了两种置乱算法并进行了算法分析；最后，对芯核水印盲检测算法的检测稳定性和安全性进行了实验分析和比较。

第八章研究基于隐秘内容自恢复机制的数字芯核水印方案。该章中首先介绍了双重芯核水印的生产过程，并对双重水印的自恢复数学模型进行了介绍；然后，详细论述了双重芯核水印认证过程中的水印嵌入、提取以及恢复的过程；最后，通过实验对水印的自恢复能力以及嵌入容量进行了实验分析与比较。

第九章中设计和实现了一个具有芯核版权保护功能的原型实验系统。在这章中重点对基于混沌映射芯核水印、自恢复双重芯核认证系统以及零知识芯核水印盲检测系统这三种系统的实现过程进行了介绍。

2 IP 水印技术概述

数字 IP 水印技术是芯核电路知识产权保护技术中研究最广泛的问题之一。为展开电路版权保护的相关研究，本章首先介绍了 IP 定义和分类，然后给出了数字 IP 水印的概念；其次对 IP 设计过程中的重要平台与软件工具进行了介绍；最后重点对近年来研究较多的 IP 水印算法及其相关技术的研究现状进行了阐述。

2.1 数字 IP 设计基础

2.1.1 IP 的定义和分类

IP 资源的有偿使用是指 IP 的拥有者以软核、固核或硬核的形式把现有的设计提供给 IP 使用者，IP 拥有者借此收取一定数额的补偿金以提高其开发 IP 的受益率；另一方面，IP 的使用者则借助使用 IP 来降低其产品的开发费用，加速产品开发周期，缩短产品面市时间。

在 IP 交易过程中，IP 拥有者总是担心 IP 使用者会越权使用其知识产权，他们往往会通过技术手段对其知识产权进行保护。例如，IP 拥有者以黑匣子的方式提供其知识产权，只提供其设计的二进制机器码形式而不提供任何 IP 开发的过程文档。但是，这往往会增加 IP 使用的难度，伤害 IP 使用者的利益，从而降低 IC 产品的开发商对有偿使用 IP 的兴趣。

如果 IP 拥有者通过技术手段对其知识产权进行保护，提供给 IP 使用者有关其获得授权的 IP 的所有技术诀窍，则 IP 使用者有可能越权利用该 IP 的价值，直接盗取或对获得授权的 IP 进一步开发，并利用其低开发成本的优势和原 IP 拥有者直接竞争。因此，IP 资源的知识产权保护是IP有偿使用的前提。IP资源的知识产权保护研究的内容是IP拥有者的哪些权利应该得到保护，通过哪些手段进行保护。一般而言，IP资源的知识产权保护表现在两个方面：一方面是法律保护，另一方面是授权协议保护和技术手段保护相结合。

理论上，IP知识产权的法律保护非常简单，首先体现在对IP所包含专利的保护上。在大多数国家，IP的有偿使用在很大程度上受到保护。IP使用者既不可以通过没得到授权的第三方途径使用IP，也不可以享受超越IP授权协议所规定的任何权利。但是，这里面有一个前提，就是受法律保护的IP必须具有一定的原创性。例如，价值不高的几行软件代码，甚至是语言的初学者都能完成的设计，是不应该受到保护的。由于没有任何法律能够对"原创性"进行更为具体的解释，所以IP的法律保护对象是比较模糊的。

其次，IP知识产权的法律保护体现在对IP数据的保护上。IP数据被定义为"用系统的方法打包整理起来的独立的文本、数据和其他介质，这种介质能够被其他个体通过电子的手段和其他手段加以共享"。IP拥有者有权对这类数据的整体或部分进行复制、销售和在公共场合进行演示。值得注意的是，法律一般只对IP数据的整体进行保护，而不对该IP数据所包含的信息个体的使用加以限制。

IP知识产权的法律保护有时还体现在受商标法、版权法规的保护上等。总之，IP知识产权的法律保护是比较宽泛的。但是，目前法律保护的范围还仅限于对违反授权协议和破坏技术手段的限制。

具体到一个IP的哪些权利应该得到限制与保护，对IP所包含技术诀窍及应用范围的精确定义是一个必然的前提。一方面，IP拥有者的权利只有被清晰定义才可能得到法律的保护；另一方面，IP应用范围的精确定义有利于界定授权IP使用的收费标准，同时也有利于对越权使用IP的行为进行举证。此外，对于IP多种授权模式的精确定义同样有利于澄清IP的授权具体包含了哪些权利。

具体到一个IP的哪些权利应该得到限制和保护，利用契约的方式比较依赖法律的保护显得更加明智。IP 使用者通过契约的条款明确自己能够行使的权利和什么样的行为是越权行为，以及如果越权使用会受到什么样的经济处罚等。这样，IP 使用者一方面能够在授权范围内充分使用 IP，另一方面也为企图越权使用 IP 的行为敲响警钟。

具体到一个 IP 的哪些权利应该得到限制和保护，利用技术手段如加密技术、时效性 license 等对 IP 的核心技术进行保护。一方面，利用技术手段对 IP 知识产权进行保护可以使得授权界限没有任何争议；另一方面，也给予了 IP 使用者充分使用 IP 的权利。

同时，对于 IP 资源的有偿使用及知识产权保护，采取一些有价值的 IP 有偿使用的商业模式也非常重要。

IP 的收费模式包括授权费、权利金以及其他收入(相关支持、设计服务、教育训练与服务顾问)等三个主要的部分。传统的 IP 授权模式，属于无限使用次数的授权模式。IP 的供应商可以直接授权给 IP 的使用者，或者是通过代理商将 IP 授权给客户，主要的授权对象为 IDM 大厂，且这种授权模式倾向收取高额的授权费用。伴随着整个半导体产业价值链的变化，Foundary 与 Fabless 兴起后，整个 IP 的授权模式也发生了变化。IP 供应商先从 Foundary 厂取得相关的制造工艺信息后，再依照这些工艺规则设计出适用于该制造工艺的硬 IP，最后再将 IP 授权给 Foundary 的客户使用。

由于 Fabless 公司的规模及财力相对于 IDM 厂小很多，因此单次使用授权、多次使用授权的商业模式也应运而生。单次使用授权是指客户取得授权后，只能将该 IP 使用于一个单项目中；多次使用授权是指若客户取得的是两次使用授权，则只能将该 IP 使用于两个项目中，依次类推。这样的授权方式其授权费用较低，适用于规模较小的 Fabless 公司。

下面以 ARM 和 Artisan 为例，可以具体了解关于 IP 有偿使用办法的一些商业性做法。

ARM为全球IP产业的领导厂商，它在全球IP市场占有率达20%左右，在通信IP市场占有率达20%以上，主要产品包括16bit以及32bit的MPU Core。ARM的客户包括NEC，Philips，Ericsson，Agere，Motorola，TI，3COM等公司。ARM最初采用Fully License的商业模式，即无限制使用次数的授权模式。但到了1999年，主要的半导体大厂均已成为ARM的客户，ARM为了进一步扩展本身的营收，所以推出名为Foundry Program的授权模式。

ARM把整个授权拆成IP授权、制造授权与设计服务授权三个部分，ARM的客户可以选择单次使用授权（Single Used Design License，SUDL），或者多次使用授权（Multi-Used Design License，MUDL），客户向ARM取得IP授权后，会取得相关设计工具与足够的文件及技术信息。待客户完成IC设计后，须再选择以获ARM授权的Foundry下单，若IC设计客户需要ARM提供设计服务，则可以通过ARM认证的设计服务公司取得服务支持。

Artisan为Physical Library的领导厂商，Artisan的主要产品为Memory，Generators，Standard Cell及I/O Cell Library等。目前Artisan的客户包括TSMC，UMC，Chartered Semiconductor，Fujitsu，Hitachi，LSILogic，NEC，OKI，ST等。

Artisan的IP授权模式中Artisan把IP授权给Foundry，Foundry的客户（即Fabless）只要和Foundry签约就可以免费获得适用于该Foundry制造工艺的Library使用权，这样的授权模式被Artisan称为Foundry Library Program。这种授权模式不仅大幅降低Library的授权费用，也大幅提高Artisan的市场占有率。

2.2.2　FPGA概述

20世纪90年代，互联网时代的到来让所有人看到了计算机的广阔前景，同时也推动着电子产业向更微型、更便捷、更廉价发展。作为电子产业中不可缺失的一环，嵌入式系统行业面临着各个领域日新月异的需求。嵌入式系统行业是一个面向应用、技术密集、资金密集、高度分散、不可垄断的行业。随着嵌入式系统在各个领域多样化的需求，其设计开发技术和芯片技术也在发生着不断创新和变化。虽然ASIC所花费的成本已经很低，但产品的设计周期长，面临的风险很大，尤其是可逆性差，一旦前期设计有误差，可能直接导致工程进度滞后。而可编程逻辑阵列设计灵活，功能强大，模块化的布局以及可重复实验性，尤其是高密度现场可编程逻辑阵列的出现，使以FPGA为核心的可编程逻辑器件在嵌入式系统设计领域占据越来越重要的地位。

许多集成电路开发者将可编程逻辑器件作为开发平台，原因有三点：其一，由于工艺的不断进步，可编程逻辑器件上可以集成越来越多的门电路，百万门级电路已不是梦想。在这样一个器件上，就可以完成原本需要很多独立的逻辑器件和存储单元才能实现的功能。这种方式缩小了产品尺寸，从而减少了产品成本和功耗，相应地提高了产品的稳定性和可靠性。其二，FPGA的可编程性大大解放了开发人员的灵活性，不再需要一个个元器件来手动组装，只需耗费几秒钟或者几分钟，就可以在软件层重新更改元器件和布局布线，反复实验和调试可以保证最终产品的质量。其三，最重要的一点是使用可编程逻辑器件来开发集成电路，大大缩短了开发周期，它的灵活性可以对最后时刻的设计改动做出反应，并且可以满足客户为了市场激烈的竞争而设立的苛刻的产品上市期限。

目前的可编程器件，以Xilinx和Altera公司推出的高性价比产品为主。Xilinx公司最新推出的Virtex 7系列的FPGA包含了1 954 560个逻辑单元，I/O引脚达到了1 200个。在这样一块高集成度的芯片上可以实现时下任何主流的片上系统。Altera公司的Cyclone系列高性价比FPGA也是同类产品的典型代表。

随着可编程逻辑器件的集成密度不断提高，我们可以把更多的电路设计嵌入到可编程逻辑器件中，通常是使用硬件描述语言

VHDL/Verilog HDL 在可编程逻辑器件中植入越来越多的数字逻辑单元，比如 PCI 控制器、以太网控制器、DSP 逻辑单元等，ASIC 能实现的功能，FPGA 也能很出色地完成，甚至 FPGA 在很多对上市时间和设计灵活性有十分严格要求的场合取代了 ASIC 的地位。但是芯核设计的复杂性使得 FPGA 开发者无法在短期内完成产品的功能设计，因此，IP 复用技术开始出现在 FPGA 开发领域。许多 FPGA 厂商设立了一些常用的 IP 核库供设计人员使用，更催化出了以商业为目的的 IP 核设计公司，专门从事 IP 核的定制。IP Core 作为产品在市场上流通，必然会引发各种非法人员的盗用行为，这也是本文研究的重点。

2.2.3　FPGA 内部结构

FPGA 是一种包含可编程逻辑单元的半导体器件，使用者可以通过修改设计源代码进行反复烧录。图 2.1 为 FPGA 结构简图，它内部主要包括可配置逻辑块(Configurable Logic Block，CLB)、输入/输出块(Input/Output Block，IOB)和块 RAM (Block RAM)三部分。其中，可配置逻辑块 CLB 是主要的逻辑资源，也是完成反复编程的重要角色[17]。在 FPGA 结构中，CLB 的数目十分庞大，通过对 CLB 进行配置可以实现不同的逻辑功能。除此之外，FPGA 包括一些其他的功能单元，例如丰富的布线资源、数字时钟管理器(Digital Clock Manager，DCM)和乘法器(Multiplier)等。在 FPGA 内部，布线资源占用的硅片面积很大，为 FPGA 提供灵活可配置的连接；数字时钟管理器是为 FPGA 器件提供各种时钟信号；乘法器的主要作用是在一个时钟周期内完成乘法运算，在某些特定的应用情景下扮演着关键角色。一般而言，FPGA 的基本结构由以下几个部分构成：

(1) 可编程逻辑功能模块(Configurable Logic Block，CLB)；

(2) 可编程输入输出模块(Input/Output Block，IOB)；

(3) 可编程内部互联资源(Programmable Interconnection，PI)；

（4）存储器资源（Block RAM 和 Select RAM）；

（5）可供用户选择的资源，比如数字时钟管理单元、算术运算单元和微处理器等。

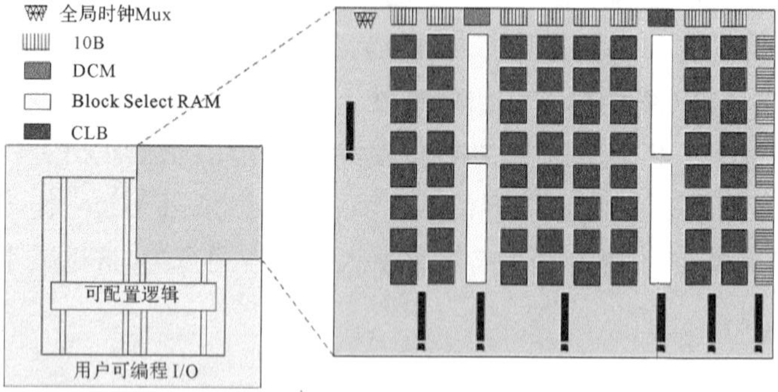

图 2.1　FPGA 内部结构图

在众多的 FPGA 器件当中，本文选择了 Xilinx 公司开发的 Virtex Ⅱ系列的器件作为研究平台，其内部结构如图 2.1 所示：FPGA 器件中 CLB 的数量最多，用于实现 FPGA 的绝大部分逻辑功能，通常有许多冗余的 CLB，这为芯核水印的嵌入提供了载体；IOB 用于提供内部逻辑与外界的接口，接口数量的多少直接关系到芯片的并行处理能力；Block RAM 用于实现 FPGA 内部的随机存取，它可以配置成 RAM、双口 RAM、FIFO 等随机存储器；DCM 用来提供方便的时钟管理功能；硬件乘法器用来增强可编程逻辑器件的数字信号处理能力。下面将以 Virtex Ⅱ系列的 FPGA 芯片为例简要介绍其内部结构。

（1）CLB

在 Virtex Ⅱ系列的 FPGA 器件中，每个 CLB 模块都由四个相同的 Slice（切片）和相应的内部连线构成，这是 FPGA 实现用户复杂逻辑功能的模块。Slice 的结构如图 2.2 所示。从图中可以看出，每个 Slice 内部又分为两个 4 输入函数发生器，这个函数发生器就是我们俗称的查找表 LUT。查找表 LUT 其实可以理解为一个 16 位的存储寄存器，内部存放着用户需要实现的逻辑功能，以数据流的形式存在。当输入端输入 0～15 中的某个数字时，输出端相应输出预存在 LUT 里的结果。

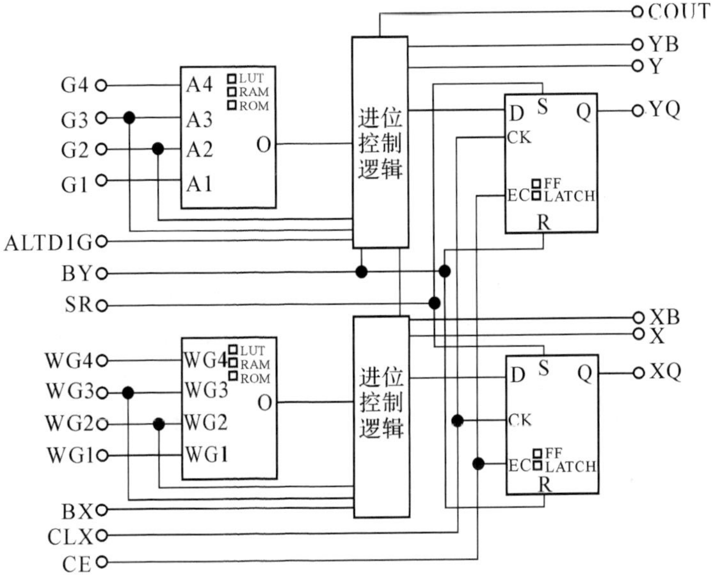

图 2.2　FPGA 中 SLICE 内部结构图

在 Virtex Ⅱ系列产品中，每个 CLB 模块既可以配置为分布式 RAM，也可以配置为分布式 ROM，分布式 ROM 可以通过设置初始化数据来实现。CLB 中最为重要的 4 输入函数发生器 LUT，用来实现用户的逻辑功能，当 LUT 空闲时，我们可以在不影响芯核性能的条件下，人为地修改存储器上的数据，这为芯核水印的嵌入提供了载体。LUT 的内部逻辑结构如图 2.3 所示。

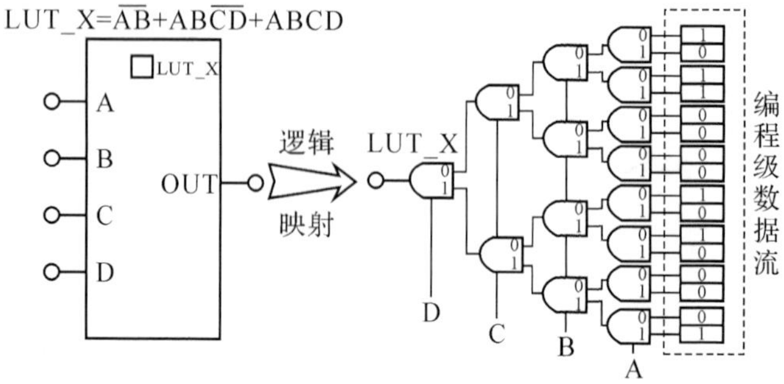

图 2.3　CLB 中 LUT 内部逻辑结构图

(2) IOB

Virtex Ⅱ系列 FPGA 中,IOB 用于提供 FPGA 内部逻辑与外部封装引脚之间的接口,如图 2.4 所示。Virtex Ⅱ系列 FPGA 的 IOB 含有 6 个存储单元,它们不仅可以单独配置为 D 触发器或锁存器,还可以成对实现以双倍数据传输速率(Double Data Rate,DDR)输入和输出。

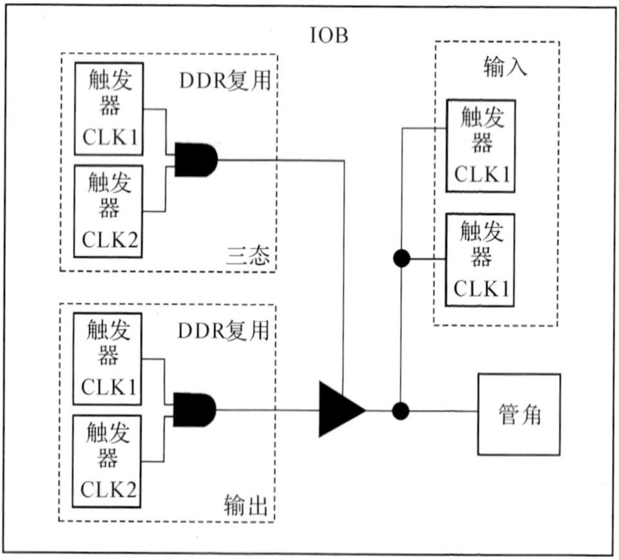

图 2.4　FPGA 中 IOB 内部逻辑结构图

在 Virtex Ⅱ系列的产品中，外部信号既可以经过 IOB 模块的存储单元进入 FPGA 内部，也可以引用 IOBUF 直接输入到 FPGA 内部。根据当前使用的 I/O 接口标准不同，还需要设置不同的接口电压和参考电压。

（3）Block RAM

在 Virtex Ⅱ 系列的 FPGA 中，Block RAM 的单位容量是 18Kbit，每一个 Block RAM 都可以配置成单端口 Block RAM 或双端口 Block RAM。

2.2.4　FPGA 的基本开发流程

FPGA 设计开发的一般流程如图 2.5 所示。从流程图中可以看出，开发人员通过功能仿真、时序仿真和系统验证可以反复对设计进行修改，以适应对客户的需求。

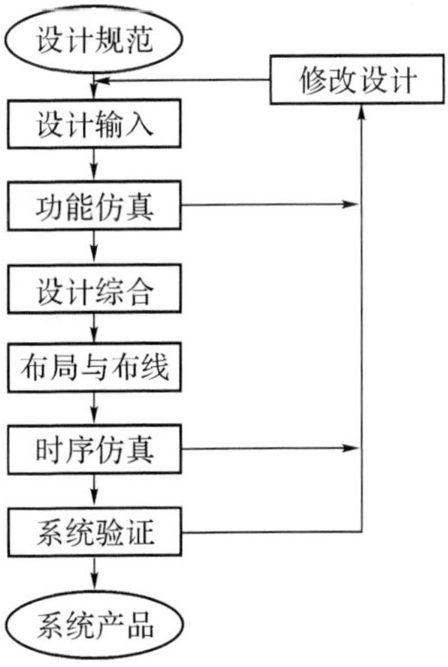

图 2.5　FPGA 设计基本流程图

对于现有的 FPGA 开发平台，如赛灵思公司的 ISE 和 Altera 公司的 QUARTUS Ⅱ等，设计流程基本一致，可分为下列五个步骤：

(1) 设计输入

根据客户对功能的需求,将其设计理念转换为相应的硬件描述语言或者网表文件。通常可使用的设计输入方式有代码输入、设计原理图输入和有限状态机输入。代码输入是最为常用的输入方式,开发人员将用户需求通过硬件描述语言转换为相应的代码描述,只需要描述其逻辑功能,不需要关心细节描述;设计原理图输入适用于设计功能较为简单的模块,需要手动拖动相应的逻辑控件来完成输入;有限状态机的输入方式同样适用于功能较为简单的模块,事先必须知道功能的所有逻辑结构,需要手动编写状态机。

(2) 功能仿真

功能仿真是对设计输入的文件在逻辑上进行一次仿真,仅仅判断逻辑是否有误,由于没有考虑实际的时序和布局布线,因此此时的延迟信息可以忽略不计。通过功能仿真,可以让开发人员检查自己的设计输入是否存在逻辑上的错误,对报错的地方能及时进行改正。

(3) 设计综合

设计综合在功能仿真的基础上,将设计结合相应的硬件平台进行自动物理映射,同时可以根据开发人员的意愿更改设计布局来满足相应的需求。通过设计综合,能初步得到该设计的资源利用和内部延迟信息,让开发人员对设计有一个全局的把握。

(4) 时序仿真

时序仿真是 FPGA 开发流程中的重要一环,芯核设计往往对时序有着非常严格的要求。在设计综合时软件对设计的物理映射是机器自动生成的,因此可能存在许多不足的地方。为了满足客户对时序的严格要求,开发人员可以通过手动布局布线和约束设计来进一步规范时序,减少延迟对电路的影响。

(5) 系统验证

当时序仿真结束后,开发人员可以利用相应的下载器将 FPGA

设计下载到相应的硬件平台上，通过外部观测设备，进一步验证设计的正确性。

2.2　数字 IP 水印概念

数字芯核水印技术是一门应用芯核电路载体的冗余信息来隐藏秘密信息的新技术[60]。它的概念起源于 Foundry 提供的安全标准单元库，现指在可重复使用的集成电路模块中隐藏特定的数字标记信息的方法。该技术的研究成果将可广泛应用于各种具有核心技术的军队、国家机密部门以及公司等[61]。如图 2.6 所示，芯核水印技术根据其实现抽象层次的高低，大致划分为算法级、行为级、结构级和物理级等四个抽象设计层次[23]。据此，VSIA 推动联盟也将芯核库中的可复用芯核产品划分为软核(Soft IP)、固核(Firm IP)和硬核(Hard IP)三大类。

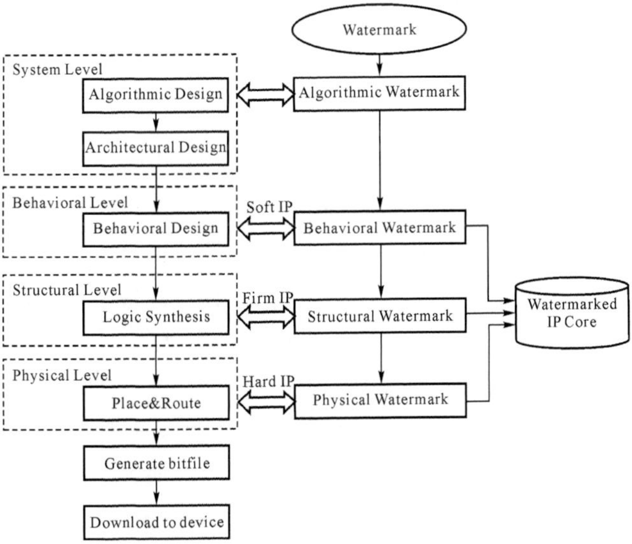

图 2.6　数字芯核水印结构设计流程图

芯核资源的有偿使用是指芯核的拥有者以软核、固核或硬核的形式把现有的设计提供给芯核使用者，芯核拥有者借此收取一定数额的补偿金提高其开发芯核的受益率；另一方面，芯核的使用者则借助使用芯核来降低其产品的开发费用，加速产品开发周期，缩短产品面市时间[62]。

在芯核交易过程中，芯核拥有者总是担心芯核使用者会越权使用其知识产权，芯核拥有者往往会通过技术手段对其知识产权进行保护。例如，芯核使用者以黑匣子的方式提供其知识产权，只提供其设计的二进制机器码形式而不提供任何芯核开发的过程文档。但是，这往往会增加芯核使用的难度，伤害芯核使用者的利益，从而降低 IC 产品的开发商对有偿使用芯核的兴趣[63]。

如果芯核使用者通过技术手段对其知识产权进行保护，提供给芯核使用者有关其获得授权芯核的所有技术诀窍，则芯核使用者有可能越权利用该芯核的价值，直接盗取或对获得授权芯核进一步开发，并利用其低开发成本的优势和原芯核拥有者直接竞争。因此，芯核资源的知识产权保护是芯核有偿使用的前提。芯核资源的知识产权保护研究的内容是芯核拥有者的哪些权利应该得到保护，通过哪些手段进行保护。一般而言，芯核资源的知识产权保护表现在两个方面，一方面是法律保护，另一方面是授权协议保护和技术手段保护相结合。以下介绍 IP 版权保护技术的相关知识：

IP 版权保护技术大致可以分为四类：数字标签技术（Data Tagging），数字指纹技术（Data Fingerprinting）、数字水印技术（Data Watermarking）以及硬件加密技术[18]。

（1）数字标签技术：通过在芯片内部放置一块电子“标签”来识别芯片的真伪。此类技术的优点是可信度高、跟踪性能好。Marsh 等人[19]提出了一种保护 ASIC 核的标签技术，在 IP 芯核内部放置一块“安全标签”存放版权所有人信息，并设置一个“外部接收器”来检测标签的存在与否。由于“标签”的独立性，此在一定程度上只能起到“威慑”作用，“标签”有可能被破坏或去除。另外一种新技术 PUF(Physically Unclonable Function)利用 IC 制造过程中单个硅片的独特物理特性和变异性在生成 RFID(Radio Frequency Identification)“标签”并集成到芯片内部来防止芯片的克隆。其在安全性上大大加强，但巨大的设计费用和 RFID 工作环境制约了对本技术的发展[20]。

(2) 数字指纹技术：主要思想是让不同的用户得到不同的带有用户标识的 IP 版本。最大优点是用户 IP 指纹的特异性，在出现产权纠纷时可以明确划分责任。而最大的难点在于设计时要产生大量功能和技术指标相同，而具体实现不同的 IP。Lach 等人提出了 IP 指纹技术[21]，它以问题求解的划分为基础，把一个最初的问题解划分成很多部分，每一部分可以由几种不同的形式来实现，通过选择组合各个部分不同的实现形式来生成嵌入用户指纹的 IP 模块。然而此技术只能在一定的 VLSI 设计层次上实现，再加上其对设计费用的敏感度较高和抵抗共谋攻击能力较低，从而使其应用受到限制。

(3) 数字水印技术：作为知识产权保护技术，最初被广泛地应用在多媒体领域，包括文本、图片以及音像制品的保护。在 VLSI 设计领域，数字水印作为一种不可见的、难以除掉的代码被永久地保存到设计中以达到 IP 保护目的。Guneysu T 等[22]率先提出了可重构结构的数字水印方案的标准、具体协议及设计思想，开创了 IP 保护可重构设计中的先河。李东晓等[23]较为系统地介绍了近几年数字水印技术的发展状况。数字水印技术按照其实现的设计层面，可归纳为四大类，它们分别为物理级芯核水印、结构级芯核水印、行为级芯核水印以及系统级芯核水印。

(4) 数字硬件加密技术：Roy 等人[24]在芯片制造监管方面提出了一种 EPIC(Ending Piracy of Integrated Circuits)技术，即事先在电路中埋下密钥，芯片如果不被激活将无法通过例程测试流入市场。其还提出了一种基于总线“加锁/解锁”的方法来保护硬件 IP。此类技术的实现需要一定的硬件开销(电路、引脚等)，具有很强的隐蔽性和较高的安全性。但其只对芯片的制造和测试过程加以监督，对芯片产品销售以后的 IP 数字水印跟踪并没有过多提及。

在本章中，我们主要针对数字 IP 版权保护技术中的 IP 水印技术进行系统的研究。数字 IP 水印技术的特点将在下节中详细介绍。

2.2.1 数字芯核水印特点

芯核水印系统应具备几种重要的特性[64]，每种特性的相对重要性取决于应用要求和水印所起的作用。本章随着应用场合的变化对水印特性的解释会有所不同，对数字芯核水印的探讨步骤如下：首先探讨其嵌入过程相关特性，即有效性（effectiveness）、安全（fidelity）和容量（payload）；然后讨论几种与可检测有关的特性，即盲检测与明检测（blind and informed detection）、虚检行为（false positive behavior）和鲁棒性（robustness）。整体评估性能指标为安全性（security）和密钥（secret keys），因为密钥的使用总是评估水印方案安全特性不可分割的一部分，因此这两者通常紧密相关。接下来我们将探讨水印的自恢复和多重水印的问题，最后讨论水印嵌入和水印检测过程的资源开销情况。

• 嵌入有效性

芯核水印一旦嵌入到芯核电路中，我们便可以通过芯核水印检测器检测到水印信息，人们就可以将这件含水印的芯核电路称为已受到保护的芯核产品。因此，芯核水印系统的有效性是指能通过检测器如期得到水印的效率。也就是说，水印嵌入的有效性是指在嵌入过程之后马上能够得到检测结果的概率。通常情况下，水印系统的有效性可以通过分析系统模型来确定，也可以根据在大型可测试芯核集合中嵌入水印的实际结果来确定。

• 水印透明性

芯核的设计和验证过程是相当复杂的任务，经过验证的芯核在功能与时序方面要求比较严格。芯核水印的嵌入不仅需要保证对芯核的功能行为没有任何影响，而且还需要有较强的不可见性。芯核水印系统的透明度是指原始芯核载体与嵌入水印后载体的相似程度。如果含水印的载体在水印化过程中质量有所退化，那么我们将需要使用另一种透明度的标准来进行衡量。通常情况下，人们习惯评估芯核载体间的透明度来判断芯核系统隐藏效果的好坏。

• 水印嵌入容量

数据容量是指在单位时间或一幅作品中能嵌入水印的比特数。对芯核电路而言，数据容量是指嵌入在此芯核中的比特数。在芯核水印算法中，嵌入到设计的水印信息容量应当满足版权验证的需要。当版权纠纷发生时，能够检测到具体的标识信息作为法庭证据来证明版权归属。然而，为了不影响设计的功能和降低算法开销，水印信息的容量应该足够小。在水印嵌入时需要考虑水印容量的折中问题，这也是评价不同芯核水印算法的一项重要指标。

• 明检测与盲检测

在芯核水印的检测过程中，通常将那些需要原始芯核载体参与的检测器称作芯核水印的明检测器，而将那些不需要原始芯核载体参与的检测器称作盲检测器。芯核水印系统使用明检测器还是盲检测器，主要取决于它的具体应用环境。明检测器，只能够用于那些可以得到原始芯核作品的应用场合，而盲检测器主要用于那些不方便用原始芯核载体进行检测的公众场合。

• 嵌入强度

芯核载体中应该能够隐藏足够多的芯核水印信息。通常情况下，如果隐藏的芯核水印信息不会受到任何干扰，那么我们便可在芯核载体中隐藏很多不同类型的信息。但是事实上这是很难完成的，因为隐藏的信息越多，系统的鲁棒性就会越差。因此，在芯核版权保护系统中隐藏一定的水印信息，通常需要合理地处理水印信息的透明性、鲁棒性以及嵌入强度这三者的平衡关系。

• 自恢复性

自恢复性是指芯核水印系统的自我修复能力。经过某些人为或非人为的破坏、误操作后，隐藏信息可能会受到较大影响。从留下的某些片段信息即能恢复出原始水印输入信息，从而起到较好的水印取证效果，这种性能我们称之为芯核水印的自恢复性。顾名思义，芯核水印的自恢复性能越好，那么整个芯核水印的抗攻击能力也就会越高。

• 安全性

芯核水印系统必须以隐蔽的方式将水印信息嵌入到芯核载体的原始设计单元中，并保证这种嵌入方法不容易被非法的用户发现和实施各种非法攻击。因此，芯核水印系统在设计时需要考虑如何在不破坏电路正常功能行为的前提下，将水印信息安全地嵌入到芯核载体中。芯核水印算法抵抗恶意攻击(指任何非法破坏芯核水印功能的行为)能力的大小，是评估该芯核水印系统安全性的重要指标。在数字集成电路的版权保护研究领域中，多重芯核水印技术与单重芯核水印技术相比，多重芯核水印技术往往可以执行多个应用功能，这也是传统的单重芯核水印技术无法比拟的优点。这使得多重芯核水印的应用范围和扩展性能得到了很大的提高，它可以广泛应用于更为复杂的应用环境，但是它通常以牺牲系统的透明性为代价。多重芯核水印技术在 VLSI 设计中嵌入多重芯核水印的容量往往比单一层次中嵌入芯核水印的容量要大，然而水印重数越多，硬件开销也会增大。目前的多重芯核水印技术主要还停留在将多个芯核水印进行简单叠加的阶段，尽管多重芯核水印技术具有信息量和鲁棒性方面的优势，但它会给整个算法带来一定的复杂度。因此，多重芯核水印技术可以为芯核水印技术在水印嵌入容量和水印抗攻击性能等方面提供新的思路。

• 资源开销

在芯核设计过程中，任何一种水印添加方法均会对芯核的设计性能产生一定的影响，都会对电路的设计带来一定的冗余，例如：某些水印方法在嵌入过程中会出现面积增大的情况。因此，我们在设计芯核水印的过程中，通常需要在水印嵌入前后对该方法进行一定的资源开销评估。资源开销主要表现在芯核设计面积资源、延时、功耗等方面的芯核实际开销情况。

芯核水印技术由于载体数据的不同，使得芯核水印方法在不同领域中的实现方法也较多。以下为常用的芯核水印技术在性能方面的评估指标：

(1) 透明性：芯核的设计和验证过程是相当复杂的任务，经过验证的芯核在功能与时序方面要求比较严格。芯核水印的嵌入不仅需要保证对芯核的功能行为没有任何附加影响，而且还需要有较强的不可见性。

(2) 安全性：芯核水印必须以隐蔽的方式嵌入到芯核设计，不容易被非法的用户轻易发现和实施各种非法攻击。因而，芯核水印算法在设计时需要考虑如何在不破坏电路正常功能行为的前提下，具有一定的抵抗非法攻击的能力。

(3) 稳健性：这是评价芯核水印算法好坏的一个重要指标。稳健性主要包括两个方面：一是鲁棒性，用来衡量芯核水印的抗攻击能力和带水印的芯核设计中包含多少不可检测水印；二是虚警率，是指在一个无水印的芯核设计中碰巧带有水印的概率。

(4) 水印容量：在芯核水印算法中，嵌入到设计的水印信息容量应当满足版权验证的需要。当版权纠纷发生时，能够检测到具体的标识信息作为法庭证据来证明版权归属。然而，为了不影响设计的功能和降低算法开销，水印信息的容量应该足够小。在水印嵌入时需要考虑水印容量的折中问题，这也是评价不同芯核水印算法的一项重要指标。

(5) 性能开销：在芯核设计中添加水印信息是保证芯核安全性和竞争力的一项补充性措施。但是，这种措施对芯核设计的性能有一定的影响，甚至水印嵌入过程引起的高开销可能成为水印算法的最大缺陷。因而，对于芯核水印来说，需要比较水印前后芯核设计在面积资源、延时等方面的实际开销。

2.2.2 面临的困难和挑战

当前数字芯核知识产权保护的困难主要体现在以下几个方面：

首先是对数字芯核软件技术的保护。在大多数国家，数字芯核的有偿使用在很大程度上是受到严格保护的。芯核使用者既不可以通过没得到授权的第三方途径使用芯核，也不可以享受超越芯核授权协议所规定的任何权利。但是，这些受法律保护的芯核必须具有一定的原创性。例如，价值不高的几行软件代码，甚至是语言的初学者都能完成的设计，是不应该受到保护的。但由于各类法律对“原创性”的解释并不具体，所以芯核的法律保护对象是比较模糊的。

其次，芯核知识产权的保护主要是针对芯核数据的保护。芯核数据被定义为“用系统的方法打包整理起来的独立的文本、数据和其他介质，这种介质能够被其他个体通过电子的手段和其他手段加以共享”。芯核拥有者有权对这类数据的整体或部分进行复制、销售和在公共场合进行演示。值得注意的是，法律一般只对 IP 数据的整体进行保护[65]，而不对该芯核数据所包含的信息个体的使用加以限制。

最后，芯核知识产权的法律保护还应该受到商标法、版权法规的保护等。总之，芯核知识产权的法律保护是比较宽泛的。因此，目前芯核版权保护的范围还仅限于对违反授权协议和破坏技术手段的限制。

综上所述，目前芯核可复用技术没有统一有效的芯核可复用技术保护标准。广大芯核厂商希望其产品不被非法盗用和篡改，同时也不需要花费大量的时间和精力去完成芯核的维护与验证工作；另外，用户也希望自己购买的芯核是合法可信的，这样能快速提高 SoC

设计的周期，降低设计风险。为此，世界半导体产业相继建立了芯核产品设计、交易和管理的组织和机构，如 VSIA、VCX、D&R 及 SoC 推动联盟等。这些联盟为芯核厂商和 SoC 设计者在保护和查找芯核模块的工作中提供了很大的便利，但由于各个公司之间的芯核设计标准和 SoC 设计者使用的标准都存在差异，在实际生产中，存在推动联盟在保护和验证芯核时存在的验证周期过长、验证失败率高以及验证成本过大等问题；而在芯核可复用保护技术的研发方面，该技术在安全性、低成本和实用性方面，都还远无法达到为半导体推动联盟提供实时保护与版权验证的要求，还存在不少既有理论挑战，又关涉应用价值的迫切问题亟待解决。

在芯核可复用技术的版权保护设计中，芯核水印方法的研究已经吸引了国内外众多研究者的兴趣，但研究成果主要集中在美国、加拿大、新加坡以及印度等国家的几个主要单位。从表 2.1 的比较中可以看出，目前这几个国内外研究机构的研究成果往往还集中在单一抽象层次上，并且在效果层面均存在一定的缺陷。综合来说，这些研究成果还主要存在如下三个方面的挑战问题：

(1) 水印安全性能较弱。现有的芯核水印方法由于在水印嵌入后通常会留下电路处理的痕迹，容易被用户和相关 EDA 工具检测和发现，同时也容易在经历多种常规处理和恶意的攻击后，使水印受到不同程度的破坏或移除，导致水印信息很难被完整地提取。从表 2.1 中可知芯核水印在各个嵌入层次中的安全性能并不是很高，这将为芯核水印的最终应用带来较大的挑战。

(2) 水印嵌入容量较小。在各单一抽象级中的水印嵌入方案中，为了能够利用较大的冗余结构实现水印信息的嵌入，现有的芯核水印方法通常很难在特定的芯核冗余结构中提高芯核电路的水印嵌入容量。

(3) 水印嵌入开销较高。大多数芯核水印会在各个抽象级的设计过程中产生很多的附加约束条件，而这些附加的约束条件往往会增加额外的硬件资源，使得水印的嵌入时间、电路的面积、速度与功耗等开销出现较高的增加。

从这个问题出发，本文对此现象进行了细致的分析，并提出了相关解决方案，为芯核水印安全领域的完善呈现了一个新思路。

表 2.1 几种主要的芯核水印方法性能比较

芯核水印方法	水印嵌入层次	安全性	透明性	嵌入信息量	实现开销
Gang Qu[63]	物理层	中	高	中	高
Andrew Kahng[64]	行为层	弱	高	小	高
M. Khan[65]	结构层	中	高	小	高
D. Kirovski[66]	结构层	中	高	中	中
Cui[67]	行为层	中	高	中	中

2.3 数字芯核版权保护技术

芯核版权保护技术是近年来才兴起的新的研究领域，受到了学术界的高度重视。2008 年以来，IEEE 创办的学术期刊《IEEE Transaction on Instrumentation and Measurement》和《IEEE Transaction on Computer-Aided Design of Integrated Circuits and Systems》都有对芯核可复用保护技术展开专题报道。另外，IEEE 还举行了多次具有较大影响的国际学术会议，如 IEEE VLSI, ACM Multimedia and Security Workshop, International Information Hiding Workshop, International Workshop on Digital Watermarking 等，都有芯核可复用保护技术的文章报道。

在信息安全领域中，为了解决芯核纠纷的安全认证问题，国内外专家在 VLSI 设计的各个层面对芯核保护技术做了大量的研究。下面介绍国内外最新的研究现状并分析其中存在的问题。

2.3.1 芯片标签加密技术

芯片标签加密技术主要是通过在芯片内部放置一块电子“标签”来识别芯片的真伪。此类技术的优点是可信度高、跟踪性能好。Roy 等人[22]在芯片制造监管方面提出了一种 EPIC(Ending Piracy of Integrated Circuits)技术,即事先在电路中埋下密钥,芯片如果不被激活,将无法通过例程测试流入市场。他们还提出了一种基于总线“加锁/解锁”的方法来保护硬件芯核。此类技术的实现需要一定的硬件开销,具有很强的隐蔽性和较高的安全性。但其只对芯片的制造和测试过程加以监督,对芯片产品销售以后的芯核数字水印跟踪并没有过多提及。

Marsh 等人[20]提出了一种保护 ASIC 核的标签技术,在 IP 芯核内部放置一块“安全标签”存放版权所有人信息,并设置一个“外部接收器”来检测标签的存在与否。由于“标签”的独立性,此在一定程度上只能起到“威慑”作用,“标签”有可能被破坏或去除。

IP 核的加密方案是基于 FPGA 配置的比特流文件进行的,然后将其载入现场可编程门阵列(FPGA)Xilinx 平台(Virtex-Ⅱ and Virtex-Ⅱ Pro FPGAs)上来实现这种技术。由于这种技术需要额外的解密单元,因此会产生额外的功率开销。此外,基于静态储存器的 FPGA 设计以比特流的形式保存在外部存储器上(例如 EEPROM)。当 FPGA 启动时,加载比特流来配置 FPGA。在加载的过程中,通过 wiretap 的方式很容易对比特流进行复制,然而这项技术很难阻止 IP 核被转卖给未授权的用户。

一种防止 IP 非法重用的有效机制是通过在 IP 核内嵌入一个加密的签名来代表 IP 所有权。当 IP 涉嫌侵权时,其所有者可以申请一个可信第三方来从被盗用的 IP 中恢复签名,以证明其版权。水印是一种众所周知的知识产权保护方法,比通过法律手段(专利或版权)来阻止 IP 盗版成本更低且更有效。

2.3.2 PUF 物理版权保护技术

PUF[68−71](Physically Unclonable Function)是一种利用 IC 制造过程中单个硅片的独特物理特性的标签方法。从图 2.7 中可看出,其安全性可以得到较大的提高,但高昂的设计费用和 RFID 工作环境制约了本技术的发展。

物理不可克隆性函数(PUF)是一种由透明的材料组成的光学器件,这种器件的透明材料中有很多光学散射粒子,而这种光学散射粒子通常可以随机地被添加到芯片生产工艺中。当一激光束射出光学散射粒子时,它们将会产生一种随机的散斑;这些随机散斑正好可以记录激光的位置和倾角(也可能是其他参数,如振幅和波长),SoC 设计者可以使用这种光学的 PUF 作为相关的密钥信息添加到加密芯片生产工艺中,芯核电路设备也可以通过该技术来对版权信息进行有效的识别认证[72,73]。

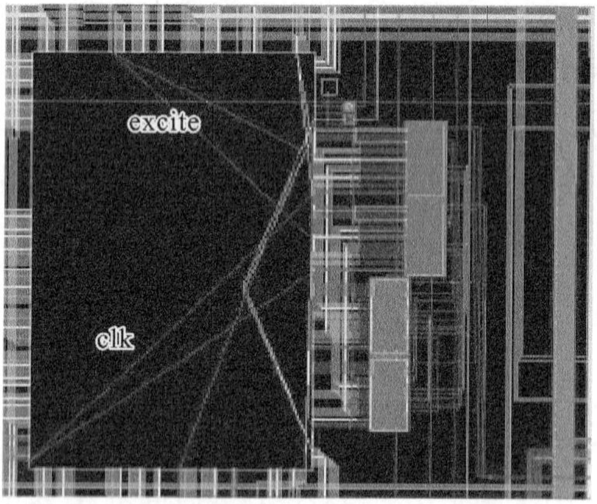

图 2.7　PUF 单元布线布局图

PUF 的安全设计必须具有足够数量的激励响应对(CRP)才能防止攻击者通过研究其激励来得到响应[74]。Gassend 等人在文献[75]中提出了一种使用硅技术生产的 PUF(SPUF)。它的基本原理是在文献[76]中的方法上改进而来的，即在芯片生产过程中通过可控技术使得芯片产生不同的测量结果。其优点是不需要在传统芯片制造设备上进行操作。由于观察到芯片的延时行为的差异，Guajardo J 等人在文献[77]中提出了仲裁器 PUF(Arbiter PUF)。仲裁器 PUF(APUF)是由很多相互串联的开关延时单元组成。它根据一个比特位来变换它的输入：如果激励位为 0，则两个信号都直接输入单元中；否则，上下两个信号将相互交换位置；最后，由仲裁器电路决定哪一个上升沿首先到达并且根据先到的信号来设定输入为 0 或者 1 的状态。Lim 等在文献[73,74]中分析了芯核电路的延迟、温度与供电等环境变量之间的联系。文中测量了芯片间时间的变化差异，即用两个不同的 PUF 去测量同一激励，也就是测量两个响应间具有多少个不同的比特位信息。然后，分析了环境变化差异对同一 PUF 比特位变化的情况。最后的实验发现：如果仲裁器 PUF 芯片间的变化差异在 23%以下时，那么仲裁器 PUF 就可以将环境变量的影响降到足够低。

通过上面对文献[77]中仲裁器 PUF 的安全性以及环境因素的讨论，基于 IC(PUF)响应的安全设计可以用一个线性函数来表示激励信息，如果攻击者知道某一条电路路径上的某一个单元的延时信息，那么他就可以通过计算所有单元的总延时来预测这个激励上所对应的响应信息。在实际的应用中，要测量出每个单元的延时是件困难的事情。因此，攻击者往往借助软件电路模拟工具来对 PUF 电路进行模拟。通过对 PUF 进行仿真，从而预测一个随机激励的响应来进行攻击。在文献[76]中，Suh GE 和 Devadas S 提出了一种基于延时的环形振荡器 PUF(RO-PUF)，它是通过借鉴仲裁器 PUF 来设计一种延时电路，这种方法可以有效地应用于芯片版权保护技术中。Gassend B 在文献[75]中提出了一种更具安全可靠性的“自振荡”方法，这种 PUF 是基于延时循环来产生随机比特串的。一个延时循环振荡器通常是一个基于频率振荡的简单电路，由于受制造过程等不确定因素的影响，振荡器频率可以被计数器计算出来。这种仲裁器 PUF 通过比较两个选择的频率的快慢来产生 0 或者 1 的输入信息。若要产生一个有多比特位的输出，那么可以用 n 个振荡器来产生多个比特位的信息熵。尽管 RO-PUF 比硅 PUF 可靠性更高，但是 RO-PUF 的速度会更快，尺寸更小且消耗的功率更低。因此，RO-PUF 更加适合在资源受限的平台上使用。

Guajardo 等人在文献[78]中进一步将基于 SRAM 改进为“蝶形 PUF”(BPUF)，很多的 FPGA 都支持这种 SRAM 存储器。因此，改进的蝶形 PUF 结构使用了不稳定的交叉耦合电路，即将逆变器换成了锁存器或触发器。锁存器是用来存储电路信息的，它可以被清空(此时输出为 0)或者被重置(输出为 1)，这样的好处是它们不需要上电来进行测量。与 SPUF 相比，BPUF 适用于所有类型的 FPGA，它是基于 FPGA 的 IP 核保护机制而提出的 PUF 结构。与此相似，Gora 等人[79]和 Atallah 等人[80]在文献中提出了一种应用型的 PUF 结构，这种结构可以将软件绑定于特定的硬件平台上运行。

文献[81]中的 Posch 等人提出通过将一个特定签名嵌入到另一种用于智能卡涂层材料中的方法，此方法可以用来保护芯核电路硬件的版权信息。Majzoobi M 等人将这种思想应用于 PUF，并在文献[82-84]中提出了涂层材料中掺杂着介质颗粒，它们的大小、形状的位置具有随机的性质。在涂层下面，一种无线金属传感器的交叉结构被用来测量电容。测量的值由于随机地在涂层中显示，所以很难产生第二种同样的 PUF，出于 CoPUF 具有物理不可克隆性，所以涂层的特性描述是非常困难的。涂层 PUF 可以用来作为 RFID-标签或者密钥使用。它还可以用于防物理篡改，如果一个设备受到了物理篡改攻击，那么它的响应行为将可能改变。因此，CoPUF 的优点是生产成本很低，缺点是它的涂层 PUF 只支持少量的激励响应对(CRPs)，这样很容易被模拟仿真，从而导致芯片不安全问题的出现。

通过上述的文献分析可知，这些文献中提出的 PUF 结构在设计和应用上还存在许多安全问题[85]。尤其是在各种不同的实际应用环境下，如何将各种合适的 PUF 应用于物理级的芯核安全保护技术中，这里面还蕴涵着较大的理论研究空间和工程应用前景。

2.4　数字芯核水印检测技术

数字芯核水印技术主要用于芯核产品的版权保护及其真实性和完整性认证，芯核水印技术的基本思想是将隐秘信息通过一定的方法隐藏在芯核载体对象中[86]。一般来说，芯核水印系统包含嵌入器和检测器两个部分。嵌入器至少会有两个输入量：一个为原始信息，它通过适当变换后成为待嵌入的水印信号；另一个就是在其中嵌入水印的载体作品。水印嵌入器的输出结果为含有水印的载体电路，通常用于传输和转录。最后，这些含有水印的载体和未经过这个水印嵌入器的载体可作为水印检测器的输入量。大多数检测器可以成功地检测出水印的存在与否[87]。

2.4.1　数字芯核水印检测需求分析

检测需求分析是一门系统的工程，水印检测需求是为一个安全的水印算法提供一种合理安全的检测算法。水印检测系统应该能够保证水印信息的机密性、完整性、可鉴别性、抗抵赖性[87]。

(1) 机密性与完整性

安全的水印检测系统要能够保证水印信息不会被非法用户获取，利用水印检测算法要能够检测出所需的水印信息。应用密码学的知识要保证信息的机密性，通常需要对信息进行加密，水印检测算法必须能够利用其私钥对水印算法进行实时检测。

(2) 可鉴别性

在芯核中加入水印的目的就是为了水印检测时能够有效地验证其版权的归属。因此，芯核版权原始拥有者在设计芯核水印检测算法时，需要考虑保留少数的密钥信息和第三方水印检测工具来对芯核版权的信息进行有效鉴别。

(3) 抗抵赖性

在通常情况下，在芯核中提取出的水印信息，一般能够有效地说明版权的归属情况。但是，盗用者往往会通过攻击的形式来论证该芯核归属是他本人所有，这就需要芯核版权用户者在芯核的设计过程中隐藏一些抗抵赖攻击的标示信息来阻止盗用者的这种抵赖攻击行为。因此，水印算法中抗抵赖的能力也能进一步反映出芯核水印的安全性能。

2.4.2 芯核水印安全检测分析

判定芯核载体中水印序列的存在性问题称为水印检测，根据是否需要原始载体又将水印检测分为盲检测和非盲检测。芯核水印的安全检测本质仍然是水印检测，这一过程中，密码学的相关知识往往被用作检测的重要凭据。

如图 2.8 所示，数字 IP 水印的明检测需要用户提供可以供第三方机构提取水印所需要的密钥信息，这些密钥信息可能包括水印的位置信息、加密方式以及提取方式等。这些信息属于机密信息，在提供给第三方机构时，如果传送信道没有得到有效保护，被恶意的攻击者截取到，即有可能暴露水印的密钥信息，这种传统的检测方式为明检测，它具有一定的不可预知性。如果没有可信的第三方参与来协助完成水印的验证工作，它将很容易泄露原始的水印信息。

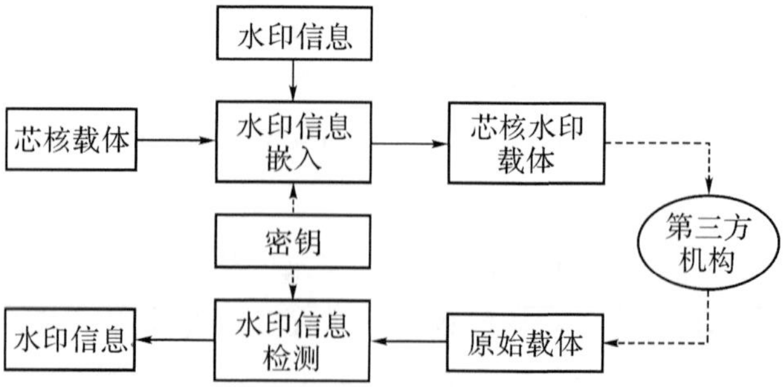

图 2.8 芯核 IP 水印明检测设计流程图

图 2.9 中所示的是一个水印盲检测系统，在水印进行检测时不需要原始的载体来参与。芯核水印盲检测算法的安全性，主要还是取决于所选的检测算法模型与实际载体的模型是否接近。因此，在本文中我们主要是对芯核水印的盲水印技术进行研究，具体工作将在后续章节中详细介绍。

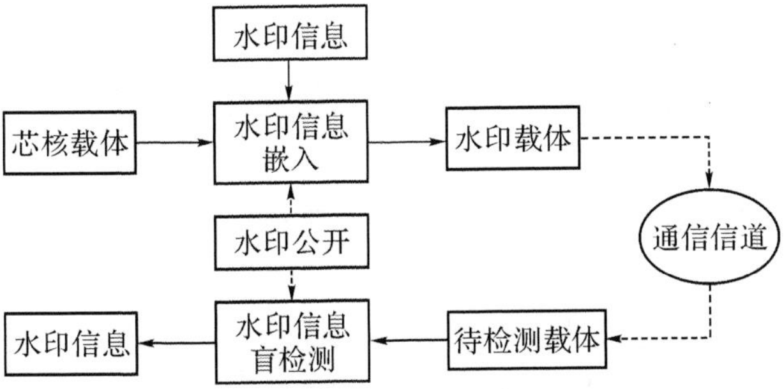

图 2.9　芯核 IP 水印盲检测设计流程图

2.4.3　水印性能的评估

在 IP 水印技术的研究中，数字水印处理部分的专家和学者都需要对不同水印系统或算法进行评价和比较，而需要水印应用的部门也需要通过性能评估来找到最为合适的水印系统。为了能够充分评估 IP 水印的优点，弥补其他方法的不足，一些研究机构开始对各个 SoC 抽象级中的水印性能评估方法和 IP 水印性能评估标准进行了研究。

表 2.2 中对三种芯核水印结构的性能做出了比较。目前，在芯核水印系统性能评估方面主要包括两个部分：安全性和鲁棒性，而这两者通常是相互矛盾的，水印的嵌入量和嵌入强度对芯核水印的鲁棒性和安全性均有不同程度的影响。芯核水印容量嵌入越多，芯核水印的嵌入强度就会增大，而芯核水印的鲁棒性和安全性就会变得越来越差。所以在芯核设计中，我们要综合考虑芯核水印嵌入时的水印容量、鲁棒性以及安全性这三者之间的平衡关系，这是我们在对 IP 水印进行性能评估时必须面对的问题。

表 2.2　三种芯核水印结构的性能比较

性能名称	软 IP 核	固 IP 核	硬 IP 核
可靠性	好	好	中
资源开销	差	好	中
可检测性	最好	好	中
稳定性	中	高	中
动态检测	支持	不支持	支持

2.5　工程设计流程与开发环境

可编辑逻辑器件的设计过程是利用 EDA 开发软件和编辑工具对器件进行开发的过程，而其一般设计流程包括设计准备、设计输入、功能仿真、设计处理、时序仿真和器件编程及测试。下面主要对基于 ISE 的设计流程进行介绍。

2.5.1　ISE 的设计流程

ISE 系列软件是 Xilinx 公司推出的集成 EDA 开发工具，基于 ISE 的设计流程主要包括设计输入、综合、功能仿真、FPGA 实现、时序仿真和下载配置六个步骤[88]。

(1) 设计输入

进行逻辑电路设计的第一步就是要对电路进行描述，常用的描述方法包括硬件描述语言设计、原理图、状态机等等。硬件描述语言设计、原理图设计和状态图设计具有不同的特点，适用于不同的场合。

硬件描述语言设计易于设计重用和代码移植，与设计工具无关，而且设计效率高，可以应用于不同的平台，应用场合一般是控制逻辑和复杂状态机。

原理图是根据自己的需求来设计的，利用软件设计工具中自带的元件图形库,将选择的元件符号和连接线等在原理图编辑器中连接形成逻辑电路的原理图。其特点是电路结构清晰,设计效率也不太依赖综合工具的性能。应用场合是顶层设计,需要手工化的逻辑。

状态机输入是指设计者根据自己的要求画出电路的状态转换图,此时ISE设计便可以根据状态转换图转换为相应的原理图或者硬件描述语言,同时根据这两种方法进行输入。其特点是直观显示状态机的工作方式,简化状态机的设计,应用场合也是简单的状态机。

(2) 综合

在FPGA的设计中,综合工具将语言文字描述与硬件电路实现联系起来,最终生成映射到指定FPGA器件的网表文件,而其设计的综合效果取决于设计者的设计风格和综合工具的综合能力。主要的综合工具有Synplify、FPGA Epress等。

(3) 功能仿真

在FPGA设计过程中,功能仿真是最基本的仿真验证,它主要的目的是验证SoC设计过程中电路的逻辑功能的正确性以及检测FPGA的设计要求是否满足要求。ISE软件能够兼容第三方软件,如Mentor公司的Modelsim仿真工具等。同时,通过仿真,设计者对设计功能能够有更深层次的了解,并且能够及时发现设计中出现的错误并解决问题。使用ISE进行设计,有利于加快设计进度,提高电路设计的可靠性。

(4) FPGA实现

实现过程主要是将综合产生的逻辑网表文件映射到指定的FPGA器件中,产生可以下载的比特流文件。在Xilinx ISE设计工具中,实现过程包括三个基本步骤:转换(Translate)、映射(Map)、布局布线(Place & Route)。

(5) 时序仿真

时序仿真是FPGA开发流程中的重要一环。芯核设计往往对时序有着非常严格的要求。在设计综合时软件对设计的物理映射是机器自动生成的，因此可能存在许多不足的地方，为了满足客户对时序的严格要求，开发人员可以通过手动布局布线和约束设计来进一步规范时序，减少延迟对电路的影响。

(6) 下载配置

下载配置是对FPGA实现后的设计文件而言的。它是指将实现后的设计文件转换为FPGA中实际使用的数据文件，并对这些数据文件进行硬件配置的过程。

针对不同的器件类型和应用场合，可以为其FPGA系列产品提供JTAG模式、Parallel模式等多种下载配置模式。不同的FPGA产品均可以采用不同的下载配置模式。

2.5.2 Modelsim的功能仿真

仿真工具主要是用于验证电路设计逻辑功能的正确性。Mentor公司开发的Modelsim提供了非常友好的仿真环境[88]。此外，仿真工具还有VCS、NCSIM等，但其操作使用复杂，多应用于ASIC设计。Modelsim的优势在于它不仅可以在Windows操作系统上运行，而且具有完善的GUI界面，操作十分便捷，仿真速度稳定，因此也得到了大多数FPGA设计者的一致好评。

Modelsim采用直接优化的编译技术、Tcl/Tk技术以及单内核仿真技术，编译速度快且代码与平台无关，其友好的图形化环境有利于加快用户更快速地进行错误调试。在使用过程中，根据逻辑电路功能用硬件描述语言建立Testbench，然后将其与RTL代码一起在Modelsim中进行编译仿真。功能是否正确，可以根据输出波形图的关系或者查看软件提示信息来进行判断。Modelsim之所以受到FPGA设计者的欢迎，除了上述介绍的特性外，还包括以下几个方面的特点：

(1) 可以在不同平台上进行仿真，而且支持单内核VHDL和

Verilog 混合仿真，操作简便，速度快。

(2) 集成了众多错误调试功能，方便用户对错误进行跟踪和改正。Modelsim 仿真工具环境提供了性能分析、设置信号断点、比较波形图等功能，有利于用户对逻辑电路的各项指标进行分析和跟踪，便于调试。此外，Modelsim 包含 C 和 Tcl/Tk 接口，支持 C 语言。

(3) 能够直接支持 System C 以及 System Verilog 的设计功能。

(4) 软件包含的源代码模板和助手，能够方便对设计项目进行管理。Modelsim 仿真工具一直在不断地完善，目前最高的软件版本为 SE，之前还有 PE、LE 以及 OEM 等不同版本的软件。在 Modelsim 软件工具的不同版本中，OEM 版本的软件多集成在 FPGA 厂商的产品中。软件的不断完善升级，表明其功能性愈发强大。目前，SE 版本的 Modelsim 在功能和性能方面都远远超过了 OEM 版本。对于四万行代码以下的中小型逻辑电路设计，SE 版本的 Modelsim 软件要比 Xilinx 公司提供的 OEM 版本的 Modelsim XE 仿真速度快十倍；而对于代码更多、更复杂的电路设计，速度快近四十倍。这个例子就足以说明不同版本的 Modelsim 在性能上的差距。除了仿真速度外，Modelsim SE 还能够支持最广泛的标准、多种软件平台，并且仍在不断地完善和发展中。

2.5.3　FPGA 综合工具 Synplify

Synplify/Synplify Pro 和 Synplify Premie 是针对 FPGA 器件的两款逻辑综合工具。它们是由 Synplicity 公司(后被 Synopsys 收购)提供，实现功能主要包括综合、验证、调试、物理综合以及原型验证等应用范围。与同类综合工具相比，Synplicity 的逻辑综合工具占有绝对的领先优势，在综合速度方面比一般传统的综合工具快很多，甚至是它们的十倍之多。Synplify 之所以受到业界如此好评，其在性能上的优势必然更加突出。Synplicity 的所有产品能在多种通用系统中运行，同样也支持业界标准化的硬件描述语言设计。目前

Synplicity 产品的应用也十分广泛，如计算机、军事以及半导体应用等。

Synplify Pro 能够实现对逻辑电路的整体优化，自动对电路的关键路径进行重定时，从而有效地增强了电路设计的性能。同时，对于复杂可编程电路，它同样能够快速有效地完成，从而更加显现出它在性能方面的优势。此外，它同样支持硬件描述语言 VHDL 和 Verilog 的混合输入以及 EDN 网表输入；其内部包含的 Pileline 在一定程度上增强了 ROM 和乘法器的性能；重定时报告和 RTL 视图/源码相互之间可以成为对方的索引，其可观性也得到了充分的改善；软件对 RAM 可以进行自动识别，因此也不需要复杂的 RAM 例化过程。

Synplify Premier 在 Synplicity 公司提供的逻辑综合工具中，功能十分强大，甚至可以说它在 FPGA 物理综合解决方案中处于领先地位，充分发挥了高端 FPGA 器件的各项性能，对于复杂的高端 FPGA 设计以及 ASIC 原型验证同样也能够轻松解决。Synplify Premier 集成了专利的 Graph-Based Physical Synthesis 综合技术，并提供 Floor Plan 选项，在 FPGA 物理综合解决方案中处于领先地位，能把高端 FPGA 性能提升到最佳。Synplify Premier 在功能方面的独特优势包括以下几个方面：

(1) 全面兼容 ASIC 代码、支持 Gated Clock 和 Design Ware 转换。

(2) 整合了在线调试工具 Identify，便于用户进行软硬件协同仿真，而且能够确保设计绝对成功，从而解决了整个软硬件开发和调试的周期相对较长的问题。Identify 能够在 FPGA 运行时对其进行实时调试，这样便加快了整个 FPGA 验证的速度。Identify 软件有 Instrumentor和 Debugger 两部分。Instrumentor 主要是在调试前对需要观测的信号和断点信息进行设定，然后实现综合布局布线的过程，最后通过 Debugger 进行在线调试。

(3) Synplify Premier 提供了优秀的代码优化和图形化分析调试界面，客户可以高速有效地完成在使用多片 FPGA 进行 ASIC/

SoC 验证的工作。

Synplify DSP 是 Synopsys 又新推出的一款基于 DSP 算法的代码产生和综合工具，实现了算法验证和 RTL 之间的联系。高性能的 ASIC 原型验证系统 HAPS，在减少一次流片成功的风险及节省产品推向市场时间方面，也发挥了极大的作用。

2.6　本章小结

本章首先系统地介绍了芯核水印版权保护技术中芯核水印技术的概念，并对芯核水印版权保护领域中的特点以及存在的困难和挑战进行了阐述；其次，讨论了芯核水印版权保护技术和芯核水印检测技术，并对芯核水印检测技术中的需求分析和安全性进行了探讨；然后，对芯核水印的性能评估进行了比较，指出现有安全研究存在的不足，介绍了现有的芯核水印和认证方法性能好坏的评估指标；最后，针对芯核水印和安全认证的应用需求，详细介绍了芯核水印的实验设计流程与应用开发环境。

第二篇　芯核水印关键技术

近年来，现场可编程门阵列(FPGA)和专用集成电路(ASIC)设计受到了众多半导体企业的青睐。企业为了能够更好地解决IC设计中的成本、周期、风险等问题，一种广泛应用于企业的知识产权核(Intellectual Property，IP)复用技术应运而生。IP核复用技术在给企业带来设计便利的同时，也带来了许多芯核电路知识产权的纠纷问题，这将给集成电路产业的健康发展带来巨大的挑战。

本篇内容共四章，主要介绍了芯核水印技术及相关方法，包括混沌映射、FSM时间约束、可测试水印技术和高容量芯核水印技术等。本篇各章节内容概括如下：

第3章首先介绍了混沌映射的基本原理，然后设计了一些基于混沌理论的数学模型；其次，对混沌芯核水印中的LUT水印嵌入原理、水印嵌入过程以及水印提取过程进行了详细的介绍；最后，对该算法在资源开销以及物理布局方面的实验进行了实验验证，并探讨了该方法的应用范围。

第4章提出了一种基于FSM的冗余属性特征的芯核水印算法，并对FSM中的问题进行了描述和定义；然后，详细阐述了FSM中STG芯核水印的嵌入原理以及FSM芯核水印在STG中硬件实现水印嵌入的过程，并通过实例对STG中水印化的过程做了详尽的理论分析；最后，通过实验对算法的安全性能与可检测性能进行了理论分析，并对水印嵌入后算法的功能测试仿真以及抗攻击性能进行了实验评估和比较。

第5章提出了一种基于向量相关度特征的多扫描链水印算法，首先给出了向量相关度的模型，然后对扫描链水印结构的整体设计思想进行了介绍；其次，详细分析了多扫描链水印嵌入和检测的方法，并举例说明水印嵌入的过程；最后，对扫描链水印的资源、可靠性以及抗攻击性能进行了实验分析与比较。

为了能够提高芯核水印的嵌入容量和水印的安全性，第6章提出了一种基于分散隐藏策略的高容量FPGA芯核水印算法。该算法首先采用一种水印预处理压缩机制，然后介绍如何利用压缩函数将加密后的版权信息构造成特定的线性组合表达式；其次，通过附加约束的方法将版权信息分散隐藏到FPGA特定的电路设计结构中；最后，通过对本章的算法实验测试和性能分析，指出本章介绍的方法不仅能以更小的实际嵌入量来标识更多的水印信息，而且大大降低了水印嵌入所带来的性能影响。通过与现有的FPGA水印算法的实验比较，结果表明本章提出的算法相对于其他的方法而言，能以较小的实际水印嵌入量标识更多的版权信息，具有水印容量大、资源开销小以及安全性能较高等优点。

3 基于混沌映射技术的芯核水印方案

随着超大规模数字集成电路设计技术的快速发展，如何保护芯核可复用技术中芯核电路的知识产权问题已成为电子产品安全研究领域的焦点。本章在混沌映射模型的基础上，提出了一种适用于芯核电路版权保护的混沌芯核水印算法，然后提出了一种基于混沌映射的水印结构，并给出了基于该水印结构的芯核电路水印化版权保护的过程。

3.1 引言

近年来，借助于信息隐藏技术在文本、图像以及视频等多媒体载体上得到的研究成果[91,92]，研究人员对芯核水印技术进行了研究。其核心思想就是将电路模块作为水印载体，通过对其电路设计中隐藏特定的数字标记信息（数字水印），来证明其产权归属或跟踪侵权行为。

国内外学者对 FPGA 中芯核知识产权的保护技术研究得较多，主要使用的是 FPGA 的后处理方式[91−93]。早在 20 世纪 90 年代末，Lach 等人[93]首先提出了基于 FPGA 芯核水印的概念，并针对 FPGA 中的 LUT 结构开展了一系列的研究工作，AB Kahng 等人[38]提出了通过 FPGA 技术来解决芯核开发过程中涉及的一些可满足性(SAT)问题，基本思想是通过约束生成器将待嵌水印映射为一组附加的约束条件，添加到原始约束条件中，将 SAT 问题的求解限制到一个更小的解空间，生成含水印的独特设计。Lach 等人[94]又在前面提出的方法的基础上，将 IP 所有者的签名信息加密后分别嵌入到 FPGA 的未占用的查找表结构(LUT)中去，并将这些查找表连同一些闲置的输入输出连线一起融合到水印设计中，这种方法尽管可检测性较好,但是它的安全性较差。为了能够有效地解决 FPGA 水印嵌入的安全性问题,Schmid M 等人[95]提出一种基于 FPGA LUT 嵌入的鲁棒水印方法,该方法的优点是能使非法用户难以找到、删除和修改版权者加入的水印信息,具有较强的芯核水印的安全性能,但这些方法可能在一定程度上也会对电路的功耗、面积以及延时等性能造成一定的影响。

Castillo 等人[96]提出了在行为级 HDL 描述中嵌入水印,其本质思想还是利用 FPGA 的特殊物理结构,在未用查找表和已用查找表的空隙中写入水印数据。主要的硬件开销是要增加水印提取的逻辑,在检测到特定的输入序列后,此逻辑将顺次给出水印的存放地址,并路由水印数据到输出端口。

Qu[97]提出的约束水印方案主要分为公开的和秘密的两个部分。公开水印可以公开检测到,并引入一个第三方机构执行芯核认证,而秘密水印则只能被少数授权用户检测到。这解决了水印检测认证困难的问题。

A. K. Jain 等人[98]提出一种零开销的 FPGA 水印方案,在保证路径延时特性不受太大影响的前提下,修改路径时间约束来嵌入水印信息。另外,还出现了一些基于 FPGA 芯核水印技术[99],该方法的基本思想是通过不同的用户得到不同的标记信息,然后将这些用户的标记信息通过各种约束方法嵌入到芯核电路中。这些方法的最大优点是可以有效地辅助产权水印的保护,方便 IP 的侵权跟踪。但在设计时会产生大量的功耗开销和电路路径延时,这样将导致芯核水印嵌入时的资源开销剧增。

从以上的研究成果可知:在芯核约束水印设计方案中,大部分的方案主要是利用 FPGA 中 LUT 结构中约束问题的求解来实现水印嵌入的[91−99]。这些方法尽管能使非法用户难以攻击版权拥有者的水印信息,但可能会在一定程度上对电路的功耗、面积以及延时等性能造成一定的影响。

为了使得芯核水印方法达到电路功能影响最小、电路路径延时最小及安全性能较高的特点,本章采用一种混沌映射序列的方法来进行芯核水印设计。这种方法的主要特点在于设计了一种特殊的LUT水印嵌入结构。该结构可通过混沌映射生成的随机序列来控制水印信息嵌入的空闲LUT地址和待嵌LUT的比特信息数目。实验结果证明，本章的方法将不仅具有额外开销低和性能影响小的优点，而且具有较高的安全性，最终可实现为原始的版权提供更强有力的证明。

3.2　混沌理论数学模型

在芯核水印设计过程中，基于SoC技术的芯核可复用技术设计流程为：首先是SoC系统级的设计，根据实际需要确定设计规格以及设计结构，构建系统级模型；然后对设计行为进行描述，进行仿真并生成设计布局版图，最终形成比特流文件下载至目标器件进行验证[100]。结合系统的设计流程，芯核水印嵌入可以在不同层次进行，从高到低分别为算法级、行为级、结构级和物理级，而水印提取可在水印嵌入的同一层次或较低层次中进行。因此，如何将芯核水印信息随机地隐藏在SoC设计过程中的不同抽象层次中，这才是解决芯核水印安全嵌入的关键所在。为了能够使得水印嵌入过程中的密钥信息具有随机性和可靠性的特点，我们发现混沌映射可以很好地解决这个问题。

混沌映射是在非线性动力系统中出现的确定性的、类似随机的过程，这种过程既非周期又不收敛，并且对初始值有极其敏感的依赖性[101,102]，基于混沌的保密技术已经涉及网络安全、保密通讯以及芯核版权保护等众多研究领域。对于混沌映射系统在芯核复用技术的版权保护应用中，其产生的混沌序列主要是一种纯伪随机序列，它具有生成形式简单、对初始条件极其敏感的特性，这些特性正好能够满足芯核复用技术中对水印的安全性和随机性的要求。

为了进一步提高芯核水印的安全性能，我们引入了混沌映射理论[103]。本节首先给出相关定义，然后将引出一种新型的芯核水印数学模型。

定义 1　混沌系统中 Logistic 映射可以用一维非线性函数来表示其混沌行为，函数可以表示为：

$$x_{n+1} = \lambda x_n(1 - x_n) \quad \lambda \in (0,4), x_n \in (0,1) \quad n = 0,1,2,3\cdots \tag{3.1}$$

对于式(3.1)，当 $\lambda \in (3.569\,945\,6, 4)$ 时，Logistic 映射处于混沌状态。也就是说，由初始值 x_0 在 Logistic 映射下产生的序列 $\{x_i \mid i=0, 1\cdots N\}$ 是非周期、不收敛且对初始值非常敏感，称为混沌序列。由式(3.1)生成的实数混沌序列经过二值化可得 $\{0,1\}$ 二值混沌序列，对其依次取 m 比特即可得到十进制混沌随机序列 $\{d_i \mid 0 < d_i < 2^m, i = 0,1,2,\cdots\}$，用 C 表示。

定义 2　为了解决混沌置乱的碰撞问题，我们采用静态散列表将定义 1 产生的混沌序列 C 散列化，形成的序列称为散列混沌序列 F。

选定两个初始值 x_0 和 x_1，利用定义 1 和定义 2 产生两个散列混沌序列 F_l 和 F_c：

$$F_l = \{l_1, l_2, \cdots, l_N\} \tag{3.2}$$

$$F_c = \{c_1, c_2, \cdots, c_N\} \tag{3.3}$$

分别对水印嵌入空闲 LUT 中的位置和比特数目进行控制，由此可对混沌序列所确定的位置嵌入特定的逻辑组合，以达到保护 IP 知识产权的目的。

3.3　混沌映射的芯核水印化过程

为了增强芯核水印算法的安全性，我们采用两个混沌映射函数产生两个序列来决定待嵌的空闲 LUT 的位置和嵌入水印比特的数目，为保证算法具有更好的安全性，芯核水印算法利用混沌映射对初始条件和控制参数极其敏感的特点，在空闲的 LUT 中随机地嵌入水印来增强水印的强度和降低信息被伪造的可能性。

3.3.1　LUT 水印嵌入原理

FPGA 结构中主要包含可编程逻辑单元(Configurable Logic Block，CLB)、输入输出单元(Input/Output Block，IOB)和可编程布线资源(Configurable Routing Resource，CRR)，其中的 CLB 通常由触发器(Flip Flop，FF)和查找表(Look Up Table，LUT)构成[104]。

对大多数基于 FPGA 的设计而言，每个 FPGA 设计都会含有大量的空闲 LUT，而每一个 n 输入的 LUT，其实质是一个 $2n\times l$ 的 RAM，每一个 LUT 位可以编码一位水印信息，因而对于一个四输入的 LUT，最多可以编码 16 位水印信息。因此，我们可以利用 n 输入 LUT 实现一个 n 变量的任意组合逻辑，通过预先定义好的编码规则，将水印信息编码为相应的组合逻辑单元，然后将这些组合逻辑单元交叉地嵌入原始设计中[105]。

为了在嵌入水印信息的过程中，能充分地利用 FPGA 内部特殊的 LUT 结构，有效地提高 LUT 结构中嵌入水印信息的安全性能。如图 3.1 所示，本文在 FPGA 空闲的 LUT 结构中嵌入水印信息，设计的四输入 LUT 可以被配置成特定的组合逻辑函数，以标示水印信息。

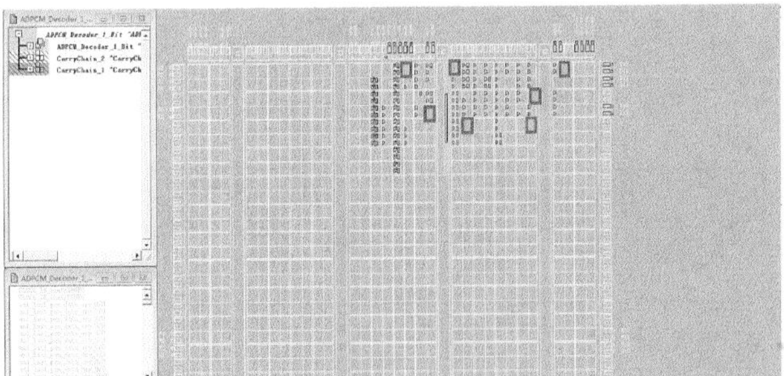

图 3.1　芯核水印嵌入位置示意图

图 3.2 中可先确定要嵌入的水印序列“011…1”，然后根据水印序列得到在未用 LUT 中实现的函数 F=(A1 and A2)or(A3 xor

A4)，最后根据其逻辑特性可以得到 16 位逻辑输出的电路，由此便可用所有的逻辑输出标示一个 16 位的水印分组。按照这种方法，我们便可将置乱后的水印信息，通过公式(3.2)中的混沌序列 F_c 进行分组，将分组分别嵌入到式(3.3)中 F_l 产生的随机地址序列所对应的空闲 LUT，同时引入一些旁路信号作为 LUT 输入，并将其输出连接到相邻逻辑块的无关输入，以更好地隐藏水印 LUT 的位置，增强水印的安全性与可靠性。

F=(A1 and A2)or(A3 xor A4)						
input	A1	0	0	0	…	1
	A2	0	0	0	…	1
	A3	0	0	1	…	1
	A4	0	1	0	…	1
output	O	0	1	1	…	1

← watermark →

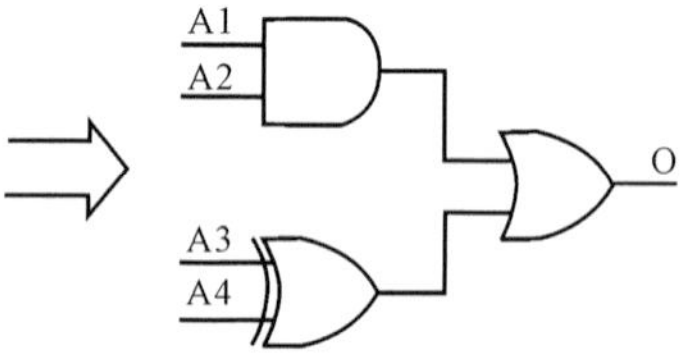

图 3.2　芯核 LUT 水印结构示例

3.3.2　混沌芯核水印嵌入

芯核水印嵌入算法的结构图如图 3.3 所示，假设嵌入的水印字符为"hnulw…"，将其转化为 ASCII 编码"0110001…"，具体转换关系如图所示，整个嵌入算法的过程描述如下：

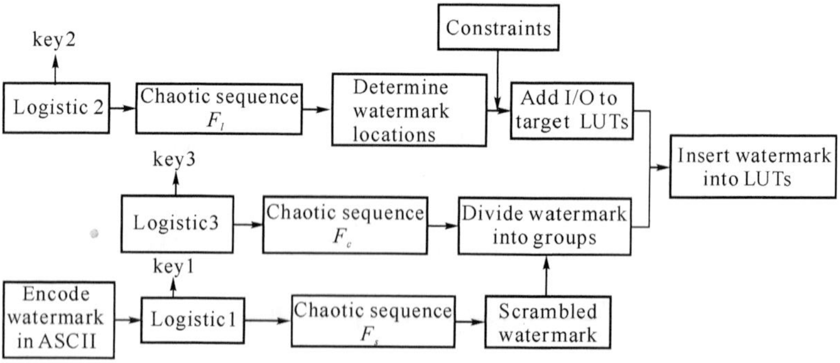

图 3.3　芯核水印算法嵌入结构图

输入:原始版权信息 W,待嵌入信息的芯核载体[104,106](IP Core)

输出:嵌入版权水印信息的芯核载体

步骤 1:将版权保护者的版权信息 W 转化为相对应的 ASCII 编码,同时产生一个散列混沌序列 F_s(密钥 key1)对原始水印编码进行置乱,得到置乱序列 $s_1,s_2,\cdots,s_N$。

步骤 2:通过添加一组附加的约束条件,对待嵌水印的空闲 LUT 的位置进行限定,使其尽可能地在已用的 LUT 附近,从而避免因水印在嵌入过程中空闲 LUT 之间的连线过长,导致资源占用和路径延时过高等问题的出现。

步骤 3:给定两个混沌初值(密钥为 key2 和 key3),分别产生两个混沌序列 F_l 和 F_c,以确定嵌入水印的未用 LUT 地址 $p_i(1<i<N)$和控制嵌入的水印比特数目 $g_i(1<i<N)$。

步骤 4:得到空闲 LUT 的位置后,为了控制水印嵌入的比特数量,我们采用序列 F_c 所对应的值来对嵌入的水印信息的数量进行分组控制,得到待嵌入水印信息分组 $g=\{g_1,g_2,g_3,\cdots,g_N\}$。

步骤 5:由待嵌入的水印信息位置 $p=\{p_1,p_2,\cdots,p_N\}$和待嵌入比特信息的数目 $g=\{g_1,g_2,g_3,\cdots,g_N\}$,我们可以构建逻辑函数:$f=f_1,f_2,\cdots,f_N$。

步骤 6:由于每一个四输入的 LUT 可实现任意四变量的组合逻辑,因此我们便可以在多个空闲 LUT 中实现 f,以达到嵌入水印信息的目的,最后得到嵌入版权水印信息的芯核载体文件。

3.3.3　混沌芯核水印提取

当 IP 核版权所有者怀疑其 IP 核可能被盗用时,便可申请由中立的第三方组织按以下步骤从 FPGA 中提取出原始用户的版权信息,从而可以很容易对 IP 核的所有权进行验证工作。提取算法的结构图如图 3.4 所示,其主要步骤如下:

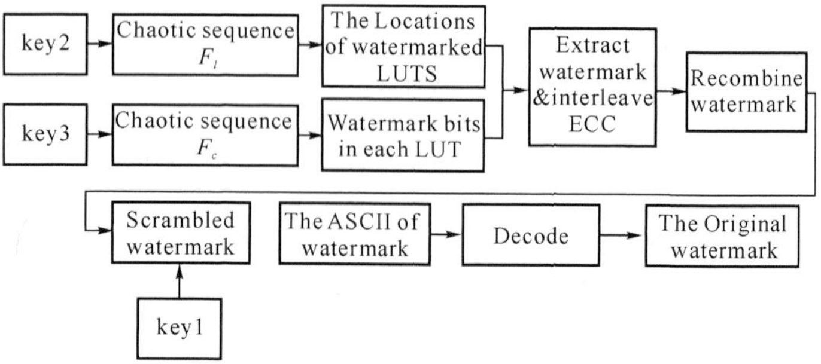

图 3.4　芯核水印算法提取结构图

输入:初始混沌密钥 key1、key2 和 key3,嵌入水印的芯核载体(IP Core)

输出:原始版权信息 W

步骤 1:将含水印信息的芯核载体与置乱水印序列$\{s_i, 1 \leqslant i \leqslant N\}$的各元素之间建立映射的关系。

步骤 2:通过密钥 key2 和 key3 得到混沌序列 F_l 和 F_c,便可依次提取每一个嵌入位置的 LUT 所实现的逻辑函数:$f = f_1, f_2, \cdots, f_N$,并同时进行 ECC 错误检查与纠正的操作。

步骤 3:由步骤 2 中还原的 LUT 所实现的逻辑函数,得到空闲 LUT 中嵌入水印信息的分组 $g = \{g_1, g_2, g_3, \cdots, g_N\}$。

步骤 4:提取 LUT 位置 $p = \{p_1, p_2, \cdots, p_N\}$中嵌入的水印信息分组,并将其重组为原始水印信息 W 的 ASCII 编码。

步骤 5:将得到的 ASCII 编码进行解码,即可还原出原始版权信息 W。

3.4　性能分析及仿真

3.4.1　性能分析

在芯核水印技术的实际版权保护应用中,本文提出的混沌芯核水印算法可以从鲁棒性和可检测性两个方面来对算法的性能进行分析。

（1）鲁棒性能

鲁棒性是指含水印的芯核载体在经过常规信号处理操作后仍能检测出水印的能力[107]。对芯核水印的常规处理操作包括移除攻击、重嵌入攻击以及功耗攻击等等。芯核水印算法的鲁棒性是芯核版权保护方案中的基本要求。通常基于FPGA设计的芯核水印方法在水印信息嵌入FPGA的过程中，水印在嵌入位置之间，以及嵌入位置和原始设计之间没有任何物理连接，虽然入侵者不能由嵌入的位置获得原始的水印信息，但他们可以在不影响设计正确性的前提下利用功耗攻击对水印信息进行破坏。

在保持原始设计布局布线的基础上，利用多线程功耗模拟技术[108]来量化芯核电路中水印嵌入部件的抗功耗攻击能力，同时还可将一些无关的连线引入到嵌入水印的LUT，这样，算法可以既不影响原始设计的功能和性能，又可以进一步增强水印嵌入位置的抗功耗攻击的能力。

（2）可检测性能

本章所设计的混沌水印嵌入方法，只要拥有原始用户信息和混沌映射密钥key2和key3，我们就可以用混沌伪随机序列所产生的两个水印控制序列 F_i 和 F_c 来和原始载体中的信息进行匹配比较；然后，便可得到FPGA中的空闲LUT中水印的位置信息和分组信息；接着，我们再通过key1就可以快速地检测出原始的水印信息；最终实现对芯核版权所有者的身份验证。

在本章设计的芯核水印载体中，由于芯核载体具有一定的随机性，在芯核水印检测系统中将不可避免地会产生一些错误。本章中的检测算法主要采用明检测方案，由于水印嵌入的方式和水印嵌入的位置信息是由第三方进行保密的，因此在实际的混沌芯核水印检测中，水印的检测是有效的。

3.4.2　实验仿真

本文在第三方仿真工具Modelsim 6.2SE平台上，以DES[104]为测试芯核为例，对水印嵌入前后的电路功能进行了仿真。首先采用VHDL语言对芯核水印的测试行为进行描述，其次在ISE平台上完成调试编译、仿真和综合布线的工作，最后将综合布线结果载入FPGA上进行功能验证。

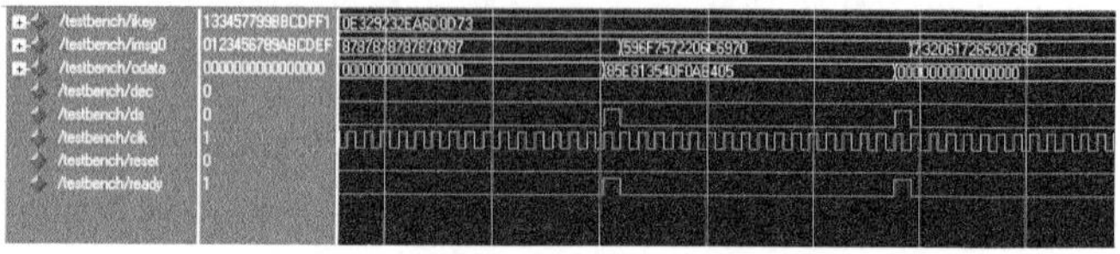

(a) 原始载体功能仿真波形图

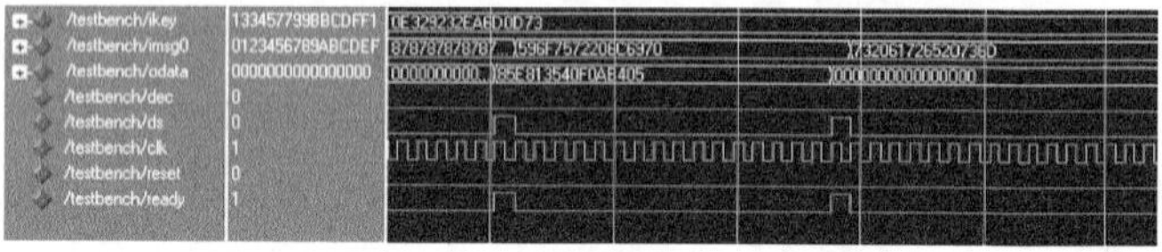

(b) 嵌入水印后载体的功能仿真波形图

图 3.5　水印嵌入前后的功能仿真比较图

从图3.5中可得知，在对芯核水印的功能仿真分析中，在确定其初始密钥key、数据输入输出信号imsg0和odata以及时钟CLK的信号驱动下，图中给出了水印嵌入前后的功能仿真比较图。图3.5(a)是原始芯核载体中所要实现的功能仿真波形图，图3.5(b)是芯核载体中嵌入水印后实现的功能仿真波形图。从图3.5中可知，水印嵌入前后的功能仿真在一定延时的条件下完全一致，本文的方法对水印嵌入前后电路的性能影响很小。

3.5　实验结果比较

在对本文中芯核水印算法对芯核电路的相关性能进行分析后，我们采用Xilinx公司的Virtex系列XCV600－6bg432的测试平台来对芯核水印进行验证[91]。系统的工作频率为75.3 MHz，采用的三种公用芯核分别为DES56[104]、ALU[105]和RSA[106]。

3.5.1　资源开销性能

芯核水印电路的面积与功耗主要是指水印在嵌入过程中产生的额外面积开销与能耗开销。在本章中，我们以 DES、RSA 和 ALU 三种芯核为基础对水印信息嵌入过程中的水印比特数目对电路的面积与功耗的变化进行了比较。由图 3.6(a)可知，随着嵌入水印的信息量增大，电路面积开销的总体增长率是会不断增加的，但是从图中也可看出，初始的 128 位水印比特的嵌入将会引起电路面积的增长率快速增加，而后随着水印比特的增加，电路面积的增长率将呈现平缓增加的趋势。图 3.6(b)显示了增幅参数不断增加会引起芯核电路的功耗增大，但这种功耗增加幅度将随着水印比特数目的增加而降低，这是由于水印在嵌入过程前期占用的 CLB 相对较多，而水印后期嵌入将是在前期 CLB 的基础上进行的。因此，水印比特数目的增加，使得 CLB 内部的逻辑电路连线增加，而外部 CLB 之间的逻辑电路连线将会减少，这样在一定程度上使得电路功耗的幅度也将随之减少。

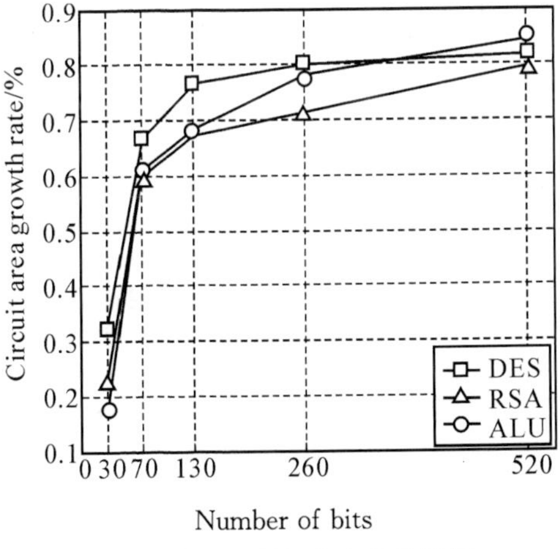

(a) 电路面积增长率变化曲线图

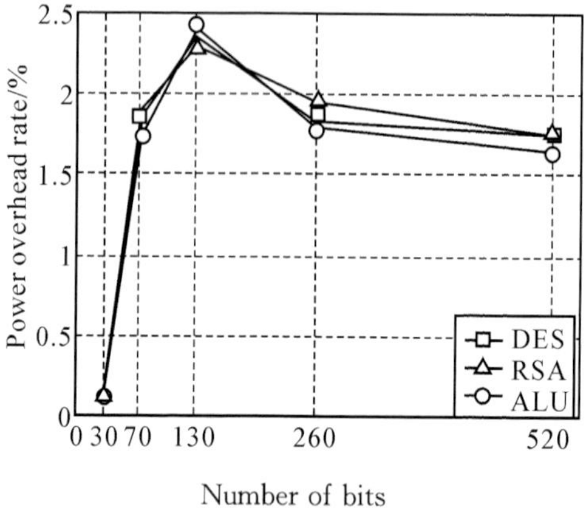

(b) 功耗开销增长率变化曲线图

图 3.6 电路功率开销和电路面积增长率曲线图

3.5.2 物理布局性能

从表 3.1 中的结果可以看出，以三种不同芯核为例，随着嵌入水印序列的比特数量不断增大，我们的方法在相比于文献[94−95]中的方法，其资源 CLB 占用比增加的幅度略有增大，但是其随着水印比特数目的增加，电路所产生的延时时间却有所减少。因此，我们可得知本文的方法随着嵌入水印比特数目的增加，虽然在芯核载体上电路面积略有增大，但其对芯核载体中电路的延时影响将会减少。

表 3.1 芯核水印的物理布局性能表

Core	Method	32bit W. M		256bit W. M		512bit W. M	
		%resources	%time	%resources	%time	%resources	%time
DES	文献[94]	0.325	0.162	1.836	−0.171	3.461	−2.312
	文献[95]	0.413	−0.087	1.761	−0.129	3.823	−3.165
	Ours	0.487	−0.102	1.939	−0.273	4.079	−3.986

续表 3.1

Core	Method	32bit W. M		256bit W. M		512bit W. M	
		%resources	%time	%resources	%time	%resources	%time
RSA	文献[94]	0.478	0.092	2.655	0.231	4.572	2.341
	文献[95]	0.568	0.077	2.732	−0.635	5.231	−3.562
	Ours	0.575	0.089	2.744	−0.804	5.776	−3.707
ALU	文献[94]	1.634	0.166	13.891	1.021	3.514	−0.011
	文献[95]	1.789	−0.146	14.131	−1.219	3.913	−1.188
	ours	1.806	−0.255	15.318	−1.276	25.218	−2.170

在对上面的芯核水印物理性能进行比较和分析之后，我们可以通过物理布局图来体现芯核水印嵌入的整体效果。本实验以DES[104]芯核载体为例，首先对其DES载体进行编译、综合、布局布线，最终得到了图3.7(a)的原始DES载体物理布局效果图；其次利用我们的方法分别将32，256和512比特的水印信息分别嵌入原始的DES载体中，最终得到了图3.7(b)、图3.7(c)和图3.7(d)中的嵌入水印后的物理布局效果图。

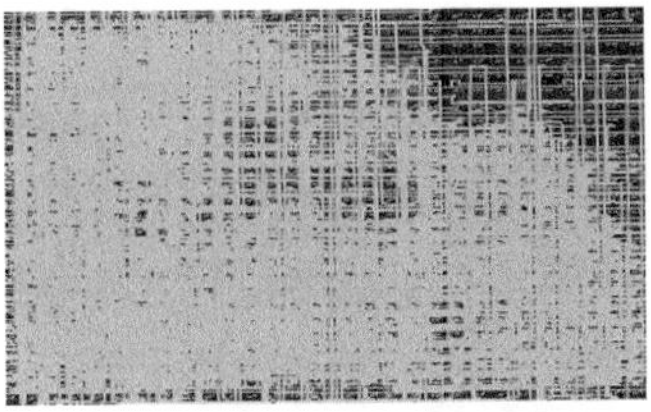

(a) 原始物理布局图

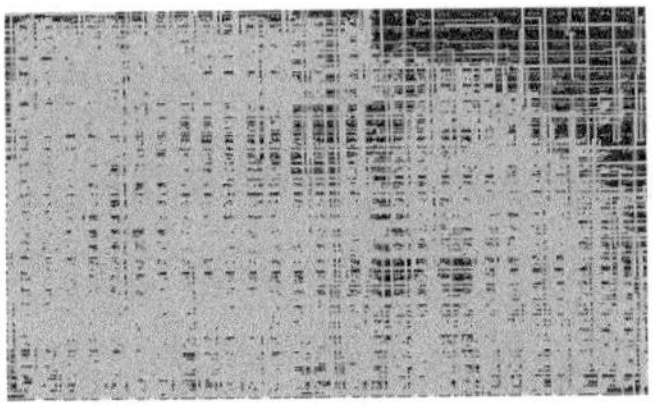

(b) 含32位水印的物理布局

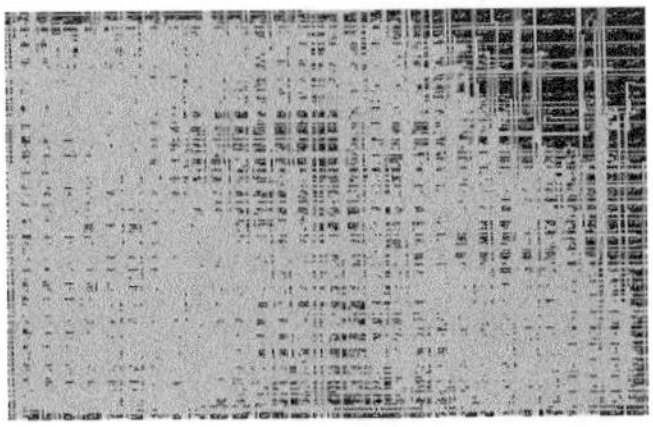

(c) 含256位水印的物理布局

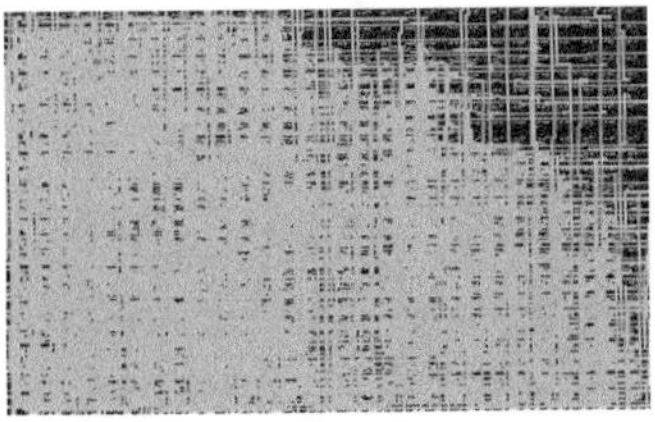

(d) 含512位水印的物理布局

图3.7　嵌入水印后的芯核水印效果图

从物理布局效果图 3.7(a～d)中可以看出:图 3.7(b)中嵌入 32 比特的水印信息后生成的效果图比图 3.7(a)中的原始载体布局图纹理丰富、布线面积增大,图 3.7(c)和图 3.7(d)中的物理布局效果图随着嵌入的比特数目的增大,芯核载体上的电路面积也有一定程度的增大。因此,本文的方法在水印嵌入载体的过程中,将会对载体的整体布局布线有一定的改变,但不会影响电路的鲁棒性和安全性,这种现象主要是通过牺牲一定的资源面积来换取芯核电路性能的稳定为代价的。

3.6 本章小结

针对芯核复用技术中的知识产权的保护问题,本章提出了一种基于物理层的混沌映射芯核水印方法,该方法在水印嵌入时多次使用混沌序列,增强了水印比特在芯核载体中分布的保密性。此外,本章详细地描述了芯核水印嵌入和提取的方法;其次在 Modelsim 6.2SE 仿真平台上,验证了水印嵌入前后芯核载体功能的一致性,并在 Virtex 系列 XCV600-6bg432 平台上对本章的工作进行了性能验证。从实验结果可知,本文的方法在保证整个芯核水印电路逻辑功能不受影响的前提下,虽对芯核载体的电路面积略有增加,但在电路实时性、鲁棒性及安全性等方面具有较好的优势。另外,由于水印是在物理层中进行设计的,因此水印算法的灵活性和抗底层代码攻击能力有待更加深入的研究和评估。

4　基于 FSM 特征的芯核水印方案

有限状态机(FSM)是时序电路设计的基础。本章提出一种基于 FSM 时间冗余属性特征的芯核水印算法,该算法通过把作者的身份信息变成 FSM 的一个非冗余属性来嵌入水印信息,同时,为了克服水印信息被去除攻击损坏以及降低水印设计过程中产生的设计开销,水印位被无缝地交织在芯核电路的状态转换图(STG)中。从有水印的 ISCAS'89 和 IWLS'93 电路基础集合中得到的实验结果表明:本章提出的方案具有较低的水印开销以及较强的鲁棒性。

4.1　引言

基于 IP 复用的 IP 设计方法,可以满足芯片规模要求越来越大、设计周期越来越短的需求,但在 IP 交易过程中,IP 拥有者总会担心 IP 使用者越权使用其知识产权[109]。此时,IP 拥有者们开始尝试通过 FSM 技术手段来对其 IP 知识产权进行保护[110]。一方面,IP 拥有者以黑匣子的方式提供其用户知识产权信息;另一方面,IP 拥有者也可以通过变量或信号重命名、再综合、重新时序、冗余添加等方法,来标识 IP 设计者的版权保护信息。现有的芯核版权保护方法在使用户得到较大的使用权的同时,也容易给非法攻击者带来许多电路处理痕迹,导致版权保护信息被非法破坏和移除。因此,怎样才能找到一种更加隐秘的 FSM 版权保护方法,这对芯核版权保护理论的研究与应用系统的设计,将是非常有意义的工作。

近年来,针对芯核水印设计过程的不同阶段,许多学者纷纷提出了多种水印方法[109−117]。它们主要通过如下方法来嵌入水印信息,如图形着色、组合逻辑综合、数字电路的 FPGA 映射以及设计布局结果。虽然这些成果在某些方面具有一定的优势,但是这些方法仍没有解决一个重要问题:如何在电路网表或者结构化 HDL 程序中嵌入一种低开销、高安全的数字芯核水印系统。这将是许多学者共同努力的方向。此时,尽管这些水印技术已经用于多个层次的芯核保护电路,但它们均不能保护设计本身,不能抗自动逆向工程攻击的能力。

L. Yuan 等人[111]提出了一种基于 FSM 的电路添加水印的算法,这种算法的基本思想是通过芯核电路中生产的未用的状态变迁来对 FSM 添加水印。这种方法的可跟踪性较好,水印在高层次中嵌入,并且能够在所有较低层次上都能检测到水印。但攻击者在知道水印输入序列及起始状态后,可以很容易地去除这些添加的冗余变迁,从而删除水印。尽管其所有权可被直接验证,但面对的挑战是难以保证水印设计的低开销以及水印的抗攻击性能。例如,从布局中提取逻辑网表重新建立一个新的设计工程。非法分子只需通过在综合和物理设计阶段将工作重做,便能推导出芯核电路的逻辑信息,并对其进行非法攻击。

Abdel-Hamid 等人[112]也相继提出了基于有限状态机(FSM)对时序电路添加 IP 水印的方法。该类算法在密钥 K 控制的基础上,将呈现一定的随机性,这样不同的设计者输入不同的密钥,可生成不同的变迁添加方案。检测时,需要给定水印起始状态和水印输入序列,就能很方便地读取水印的输出序列,但是这种方法在安全性方面还是存在一定的缺陷,攻击者只需要对密钥信息进行功耗攻击,便很容易猜测到密钥的状态信息,同时该方法在嵌入时还将带来一定的嵌入开销。

本文针对芯核保护设计的本身和指定逻辑功能的不完全描述,提出了一种基于 FSM 时间冗余属性特征的芯核水印方法。该方法的主要特点在于有效地引入有限状态机理论,利用电路中信号之间的 STG 状态转换关系来提取电路控制逻辑功能中最大延时状态集,通过约束生成器将待嵌入的水印信息映射为一组附加的时间约束条件，添加到特定的电路最大延时状态集中，生成含水印信息的独特设计。该方法不仅具有安全性较强以及资源开销较低的优点，而且明显提高了水印可检测性能，从而可为 FPGA 设计模块的所有权提供更强有力的证明，其方法同样适用于其他可编程数字系统的设计中。

4.2 问题描述和定义

为了进一步提高芯核水印的鲁棒性以及抵抗非法攻击等方面的能力，文中引入了一种有限状态机理论[110-112]，首先给出相关定义，然后提出水印嵌入过程中延时状态间转换的关系问题。

定义 1　Mealy 型的有限状态机是一个六元组 $M=(\Sigma,\Omega,q,s_0,\theta,\lambda)$，其中 $\Sigma\neq\varnothing$ 是输入符号集合，$\Omega\neq 0$ 是输出符号集合，$q\neq\varnothing$ 为所有状态集，$q_0\in q$ 为初始状态，$\theta(q,a):q\times\Sigma\rightarrow q$ 为状态变迁函数，$\lambda(q,a):q\times\Sigma\rightarrow\Omega$ 为输出函数。

定义 2　状态 q 接收序列 $\alpha=(a_1,a_k)$ 产生的输出 $\lambda(q,\alpha)$，表示 FSM 中状态 q 接收输入序列 (a_1,a_k) 产生的输出。该序列的输出可以定义为：

$$\lambda(q,\alpha)=\lambda(\theta(\theta(\theta(q,a_1)),a_{k-1}),a_k) \tag{4.1}$$

定义 3　序列 $\alpha=(a_1,\cdots,a_k)$ 的目标状态 $\theta(q,\alpha)$，表示芯核电路中 FSM 的输入序列 $(a_1,\cdots,a_k)$ 可到达的最终状态。该序列状态关系表达式如式(4.2)所示，可以定义为：

$$\theta(q,\alpha)=\theta(\theta(\theta(\theta(q,a_1),a_2)),a_k) \tag{4.2}$$

性质 1：由当前的状态变量集 $U=\{u^1,u^m\}$，原始输入集 $X=\{x^1,x^m\}$ 以及延时变量集 $T=\{t^1,k,t^m\}$，我们将可以得到状态延时关系表达式：

$$\psi(U,X,T)=\prod_{i=1}^{i=m}(t^i\equiv\theta^i(U,X)) \tag{4.3}$$

证明：等式 $\psi(U,X,T)=1$ 表示有效三元组 U,X,T 的集合，其中每个元组代表 STG 中的一个转换。若用 BDDs 作为基本数据结构隐式定义关系 ψ、转换函数和输出函数，那么通过转换关系将可以对 STG 进行修改。给定状态关系，可以用下列表达式计算状态集 C 的前象 $I(C)$，C 可由其特征函数 $I(C)$ 定义得到，其表达式如式(4.4)所示：

$$P\mathrm{Im}\ gI(C) = I(T) = \exists U \exists I(U) \exists T(U,X,T) \tag{4.4}$$

类似地，可以由下式计算状态集 R 的前象，R 可由其特征函数 $R(T)$ 定义。

$$P\mathrm{Im}\ g(R) = R(T) = \exists X \exists I(X) \exists T(U,X,T) \tag{4.5}$$

通过初始化 $S_0=\{q_0\}$ 以及根据表达式(4.5)和表达式(4.6)中的象计算操作，便可以计算出 q_0 的可达最大延时状态集 $R_M(T)$。

$$R_M(T) = \mathrm{Im}\ gI(T) \cup R(T) \tag{4.6}$$

这个可达状态集是 FSM 的一个重要特征，可广泛应用于研究攻击方法。最后通过计算及其可达状态集 $R_{M\otimes M}(S)$，就可隐式计算得到最大延时状态集 $R_M(T)$。

4.3 水印嵌入原理

对 STG 的修改是芯核水印嵌入过程中最关键的部分[114]，Alice 为了能在芯核设计过程中对嵌入水印的信息进行实时保护，提出了一种 STG 修改嵌入方法。本节，我们首先对 STG 结构中修改嵌入方法进行了重点描述：

对 STG 结构的修改而言，我们首先将对原始设计的 STG 输入序列组合 $u_1,u_2,\cdots,u_i$，然后从初始状态 $q_0=q_{t_0}$ 开始依次遍历状态集 $q_{t_1},\cdots,q_{t_m}$(不一定是唯一的)。令 $\tau_0=q_0$，最后得到该序列遍历的

STG 的边为 $e_1,\cdots,e_m$。

对 STG 的特殊修改具体实现过程为：对于每个时间步 i，$1\leqslant i\leqslant m$，建立状态 r_i。令 $R=\{r_i,\cdots,r_m\}$，可以通过下列步骤对 STG 进行修改：

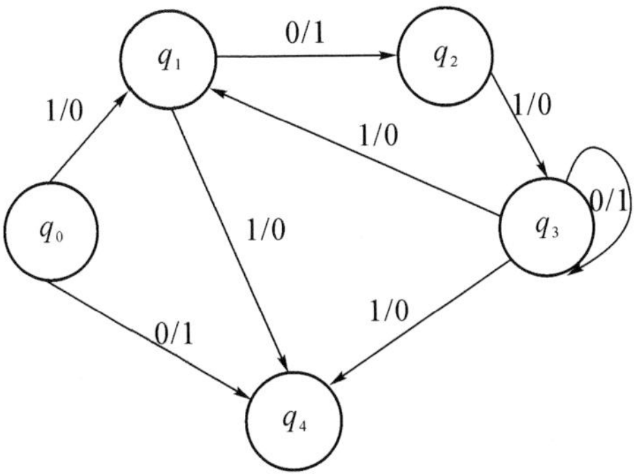

图 4.1　原始 STG 状态图

（1）复制 STG 中的所有状态和转换，对每个状态 $q_i\in Q$ 建立状态 V_i，使 $V=\{v_0,\cdots,v_{\perp Q-1}\}$。

（2）对于 $1\leqslant i\leqslant m$，通过复制状态 q_{t_i} 及其输出边，建立状态 τ_i，不修改状态 q_{t_i}。

（3）对于每个 i，$1\leqslant i\leqslant m$，状态 q_{t_i} 有一条输入边 e_i，这条边起始于状态 r_{i-1}。使其指向状态 τ_i，现在边 e_i 起始于状态 r_{i-1}，终止于状态 τ_i。

（4）将状态 τ_m 到状态 $q_i\in Q$ 的每一个输出变迁替换到 V_i 的变迁中，V_i 为 q_i 的副本。

在此过程之后，输入序列 a_i 起始于 $\tau_0=q_0$，且遍历状态序列 $\tau_1,\cdots,\tau_m$。下一个输入将产生到 V 中状态 V_i 的一个变迁。注意到除此输入序列之外，没有其他序列能够遍历这个特定的状态序列。例如，如图 4.1 中的状态变迁图所示，虽然该状态变迁图表示一个特例，但是可以用来说明其一般过程。在此例中，假设给定一个三位的签名 101，对于这个 STG 来说，它将遍历状态 q_0, q_1, q_2, q_3。建立状态 $\tau_1, \cdots, \tau_m$ 以及 V_i，改变图 4.1 中所涉及边的起点与终点之后，就可以得到图 4.2 中的 STG。在修改后的 STG 中，有序遍历状态 $\tau_1, \cdots, \tau_m$ 的唯一方法就是使用输入序列 $a_1, \cdots, a_m$。

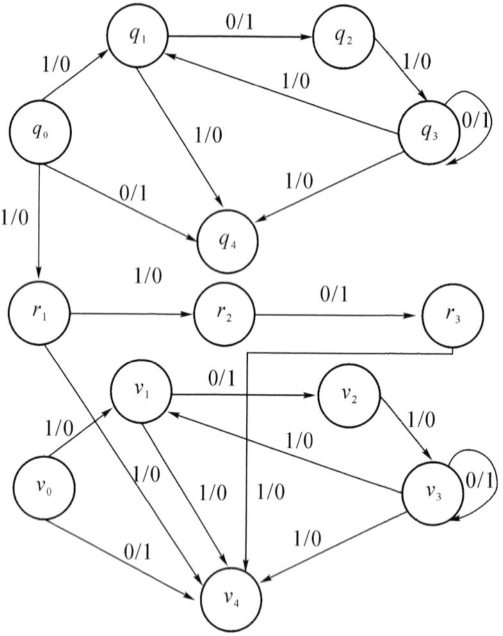

图 4.2　状态变迁转换图

对于一个给定的输入序列，对该性质的存在性进行了验证。那么对于序列 $a_1, \cdots, a_m$，其性质 1 的存在并不能完全证明该设计具有 Alice 的签名标记。事实上，对于任意给定的随机输入序列 $a_1, \cdots, a_m$ 以及任意分布得到的一个 STG，均会存在一个有限非空概率 P_β，本章节中称 P_β 为水印检测的虚警率。尽管较难得到 P_β 的上限值，但是对于大多数的芯核电路的设计来说，P_β 通常是很低的。因此，FSM 芯核水印化过程的安全性完全依赖于可能的攻击者能否对所产生的 STG 进行最小化。如果能够在这个 STG 上使用状态最小化程序,那么所有的冗余状态将会被移除,从而水印信息也就容易被删除了。通常 STG 状态中的水印信息是不能被随意提取的,所以在实际应用中最小化程序对多数有使用价值的 IP 设计来说是相当复杂的,从而能够得出攻击者通常无法使用该最小化程序。因此,FSM 水印的嵌入也就变得安全可靠。

4.4　FSM 芯核水印实现过程

在复杂可控逻辑电路的 FSM 中,STG 的硬件实现过程可以通过直接修改芯核电路而来[109−112],前面所提到的对 STG 进行修改的一个重要特征为:STG 初始修改可以通过对原始电路进行特定的处理来实现,这种特定修改可以识别原始的有限自动状态机。

基本思路是采用新的寄存器对输入进行计数,直到匹配期望的输入序列 a_i。这种修改是通过下列步骤实现的:

(1) 选定 k 个新寄存器的集合,将这 k 个寄存器组合成一个 0 到 $m+1$ 的计数器 C。

(2) 选定 m 个与门 G_i,$1\leqslant i\leqslant m$,连接它们的输入端,使得它们仅当输入的值为 a_i 时,G_i 的输入才为 1。

(3) 选用一个与门 G_0 来检测原始状态变量 S,并将它的输出作为 G_1 门的另一个输入。

(4) 连接 k 位计数器,使得每个输入到来时,STG 的状态信息发生变化。

如图 4.3 所示,为了获得修改后的 STG,我们需要设计具体的电路来实现 STG 的修改。计数器 C 有三个同步输入控制信号:En、Rst 和 Ld,分别为计数使能端、复位端和外部负载使能端。外部负载使能端的优先级高于计数使能端,复位端的优先级高于外部负载使能端。

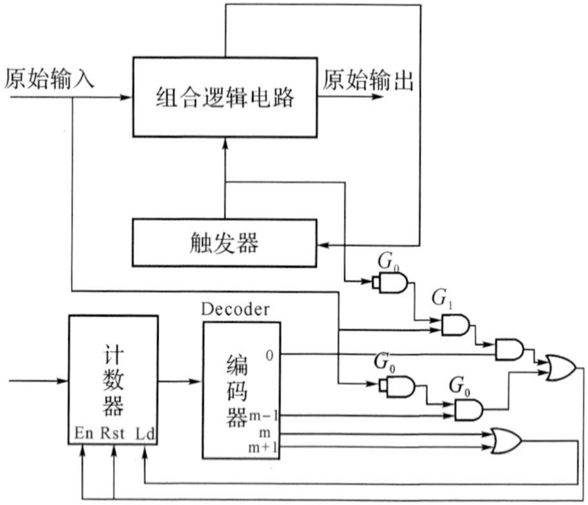

图 4.3　改变电路产生对 STG 的修改

通过分析这些芯核电路 STG 的修改特征，我们便可以验证修改后电路的 STG 的特征内容，具有如下特征：

(1) 电路行为跟初始状态相同，直到门 G_1 变得活跃，计数器 C 中的所有寄存器的值都为 0。

(2) 当状态 q_0 接收输入 a_1 时，门 G_1 的输出为 1 且计数器 C 累加到 1。

(3) 按顺序接收串 a_i，$2\leqslant i\leqslant m$，当门 G_1 被激活时，且计数器 C 累加到 m 时，计数器开始复位。

(4) 如果计数器值为 m，那么它的值在下一个周期将累加到 $m+1$，并保持该值不变。

这种改变实现了 STG 的描述。对于时序电路来说，计数器 C 中的寄存器可以视为一个额外的时间延时状态变量集。状态 q_i 相当于计数器的值为 0，状态 r_i，$2\leqslant i\leqslant m$，相当于计数器 C 的值从 1 变化到 m。

图 4.3 中所修改后的电路还具有 STG 的改进功能，此时，附加的时间延时状态变量的值是不会影响输出结果的。如果我们使用

STG变迁中的附加延时状态变量来改变原始电路中的输出状态值，那么这样的水印移除就是一个复杂而且耗时的过程。其主要思路是通过改变状态编码来实现的。当输入的状态变量值不表示水印信息时，新的状态变量值也会随之改变。通过添加两个变码器，新产生的状态变量不仅会影响到原始输出，而且对于除 $a_1, a_2, \cdots, a_m$ 以外的输入，其值也会改变。在实验中，变码器是通过一系列线性变换得到的。初等线性变换将变量集 $X=\{x^1, \cdots, x^i, \cdots, x^f, \cdots, x^n\}$ 变换为 $X'=\{x^1, \cdots, x^i, \cdots, x^i \oplus x^f, \cdots, x^n\}$。任一函数 $F: X \rightarrow \{0,1\}$ 可以转换为变换变量的函数 $F': X \rightarrow \{0,1\}^k$。通过一系列初等变换可以得到任意线性变换，它们都是通过采用两个 EXOR 门、变码器中的一个门来实现的。

4.5　FSM 芯核水印设计实例

假设用户(Bob)非法盗用了合法拥有者(Alice)的芯核电路载体，最后被 Alice 察觉，如果 Alice 要在法庭上证明 Bob 盗用她所拥有芯核的知识产权，那么她只要出示足够的证据证明她的信息包含在 STG 的某些延时路径中，这样其遍历的最大延时状态集就可以证明她是芯核原始的版权拥有者。

4.5.1　水印生成

由于数字芯核电路中水印的设计只能对二进制信号进行有效处理，因此，在对水印算法进行水印嵌入之前，我们必须先对版权信息进行预处理，得到适合嵌入的水印信息。为了增强算法的安全性，我们可以首先用公钥加密系统中的私钥来加密签名信息，算法使用 RSA 公钥加密系统中的私钥来进行，由于公钥是公开已知的，我们便可以通过正常的公钥渠道来使用分配。

本节中水印标记信息通常可以由原始版权的签名信息来表示，

如公司名称、商标等，这些签名信息均可用 ASCII 码表示。具体步骤为：首先将得到的 ASCII 码依次连接起来形成一个二进制比特串，并对该二进制比特串进行哈希置乱处理；然后将得到的哈希置乱二进制比特串按每 3bits 进行分组(必要时采用左补零以保证比特串长度是 3 的倍数)；最后将每组 3bits 表示为十进制数 0～7。假设设计版权信息为“hnulw…”，图 4.4 所示为水印信息的生成过程，图中带虚线框的“0”是为了保证水印的分组而补写的。

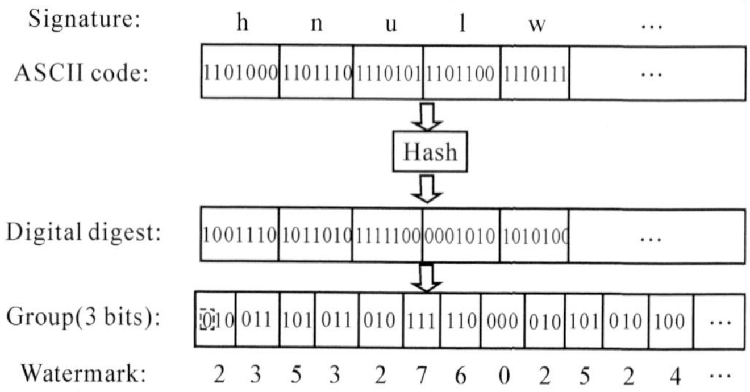

图 4.4　水印版权信息生成

4.5.2　水印嵌入

本节主要通过对状态变迁图 STG 中的状态冗余属性信息的修改，来实现水印的嵌入。利用上节中所生成的待嵌水印信息，可以通过如下步骤来实现水印的嵌入过程。

输入：待嵌水印信息 W，待嵌入信息的芯核载体(IP Core)

输出：嵌入版权水印信息的芯核载体

步骤 1：利用一组输入序列 a_1, k, a_m 对 STG 中的每个状态 $s_i \in S$ 进行遍历，得到所有状态转换集合 $R(T)$。

步骤 2：对于状态转换集合 $R(T)$ 中的每一个状态变迁，通过定理 1 中的状态表达式等价关系，可以计算出各状态变迁过程中的冗余属性信息，得出延时状态集 $R_M(T)$。

步骤 3：对延时状态集 $R(T)$ 中的所有冗余属性信息状态进行统计，设定一个适当的延时阈值 T_N，作为选择适合修改的延时状态集 $R'(T)$ 的一个标准。延时阈值 T_N 的选定对于不同的芯核设计是不同的。

步骤 4：根据水印信息的长度，从 $R(T)$ 中随机选出 γ 个状态延时值，形成待嵌水印延时状态集 $R'(T)$。

步骤 5：分析 $R'(T)$ 中的特定位置上的延时状态值，对每个延时状态值的末位信息用相应的水印位替换，使其得到修改后的延时冗余属性信息。

步骤 6：通过本章 4.3 小节中芯核水印的嵌入原理在 STG 的最大延时时间状态中嵌入水印信息，最终得到嵌入相关水印信息的芯核载体。

4.5.3　水印提取

当 Alice 怀疑其 IP 核可能被 Bob 盗用时，便可申请由中立的第三方组织按以下步骤从芯核载体中提取出原始的版权信息，从而可以很容易对 IP 核的所有权问题进行验证。

提取算法的主要步骤如下：

输入：嵌入水印的芯核载体(IP Core)

输出：原始版权信息 W 的数字摘要

步骤 1：提取并分析含水印信息的芯核载体的状态转换图 STG。

步骤 2：通过一组输入序列 $a_1,\cdots,a_m$ 对 STG 中的每个状态 $s_i\in S$ 进行遍历，得到所有状态转换集合 $R(T)$。

步骤 3：在电路完成以后获得水印后的 STG 延时状态集合 $R(T)'$，分析水印后的 STG 状态转换图。

步骤 4：利用嵌入水印时的随机选择规则从 $R(T)'$ 中提取出水印的 γ 个最大状态延时冗余属性信息。

步骤 5：对 γ 个最大延时状态信息进行分析，提取其末位的数字，并将其转换成相应的二进制编码。

步骤 6:对步骤 5 中产生的二进制编码进行组合,转换得到哈希处理后的数字摘要。

当 Alice 发现芯核版权被 Bob 盗用时,根据上述步骤提取得到嵌入的数字摘要信息,将其与嵌入时的数字摘要信息进行比较,如果两个摘要相一致,可得到相对应的原始版权信息,则版权得到验证。由于哈希算法的单向性,水印信息的安全性可以得到较好的保证。

4.5.4 水印验证

假设我们的系统设计中存在一个 Alice 的版权签名信息,如果验证者需要验证 Alice 的水印信息是否存在于设计中,那么我们便可以通过计算电路系统中 $a_1, a_2, \cdots a_m$ 遍历状态集合的期望值来进行判断。尽管这种验证方法在电路版权信息的实时检测上会有一定的难度,但它可以通过增加计算资源的方法来实现。

如果 Bob 在 Alice 嵌入过水印的电路中重新嵌入新的水印信息,即 Bob 嵌入的水印信息将有可能破坏原有的水印信息,从而导致 Alice 提取水印时将出现失败的情况。本章所提出的水印算法将利用 FSM 的状态变迁来嵌入水印信息,这种方法不会影响电路的基本性能。另外,如果 Bob 能够成功地将自己的水印信息嵌入到 Alice 的水印中,Bob 所带水印的设计将会包含在 Alice 的部分水印信息中。因此, Alice 带水印的设计中尽管能够有效地检索到自己的水印,但是 Alice 不能检测到 Bob 的水印信息。

如果被保护的芯核是在门级电路中进行水印嵌入的,那么 Bob 必须从网表中重新获得 STG,这对于大型芯核电路设计来说,其计算工作量是巨大的。此外,Bob 需要花费大量的时间和最优化方法来推导出全部的水印信息。同时,这个问题也可以由第三方验证机构来解决。例如,一个合法的公司或一个第三方水印管理机构。在这种情况下,Alice 将生成一个时间标志已验证的签名,并且由一个经授权的合法公司保留。这个公司将会保留一个这种签名和它生成的日期记录，能在将来的任何法院纠纷中验证其水印的生成和水印嵌入的准确时间。因此，从上面的分析可知，Alice 在牺牲较多资源开销的情况下，可以检测到自己芯核载体中的版权信息，这也进一步证明了本章算法的检测有效性。

4.6　算法性能分析

4.6.1　安全性

(1) 移除水印的攻击

非授权移除水印攻击是指通过攻击使得载体中的水印信息无法检测到，非法使用者 Bob 要想去除水印，这样由状态序列所表现的性质就不存在了。如果 Bob 没有对 STG 的状态变迁图进行充分的修改，那么 Bob 将不能对 Alice 所设计的水印进行移除攻击。

Bob 如果试图消除某些 STG 状态变迁图中的转换，那么在本文水印算法中，现在的转换和增加的转换在水印设计过程中是没有区别的。在带水印的转换序列中任意增加几个状态变迁图的转换和随机状态变迁图存取，是不会改变 FSM 中 STG 的正常状态。所以，Bob 移除攻击的方法在复杂度上基本与整个系统的重新设计所耗费时间的复杂度持平，其攻击毫无意义。

(2) 欺诈检测攻击

欺诈检测攻击是一种适用于电路检测分析的攻击方法。如果 Alice 在法庭上有版权盗用申诉，那么被告 Bob 要证明他自己是无辜的，那么他就必须在 Alice 检测之前提出他的欺诈检测方案。与其他水印检测方法一样，第三方可以对 Alice 和 Bob 所提交的 IP 检测方案进行验证。Alice 要以足够的信心检测被盗用的 IP 被 Bob 非法集成在芯核电路系统中，需要以固 IP 核的形式在芯核电路进行结构化描述的时候提交。Bob 在获知电路的布局以及其他特征信息的情况下，如果提交的检测方案能够通过，那么他就可以肯定地推断出模块中水印信息的存在。确切地说，如果 Bob 分析得到电路布局时的相关特征信息，那么他将可以用一定的欺诈信息来验证性质 1 的存在。因此，Alice 要防止这种欺诈检测攻击，就需要使用表示自己签名的输入序列来完成芯核电路中水印的检测。如果用相似的输入序列产生的水印电路状态序列不同，那么就可以提供有力证据来证明水印设计中性质 1 的存在性。

（3）组合冗余移除攻击

通常的组合冗余移除攻击方法一般可以直接应用于电路本身，如果攻击一旦实施，那么将会对芯核水印造成较大的损害。因此，我们需要在芯核水印设计的过程中让其达到一定的抗攻击能力。

Bob 也可能尝试更加极端的方法，既能保证移除水印，又能达到增加一定冗余信息的目的。下面的两种组合冗余移除攻击方法，就是通过实际或潜在地修改 STG 结构来去除水印：①从电路中提取 STG 并且对其进行状态化简；②通过时序冗余删除技术去除水印而不会影响电路功能。

4.6.2 可检测性

以电路信息检测为例：Alice 要检测到水印之间具有 Bob 的干扰信息的存在，那么她就需要借助如下的方法来进行：

（1）当 Alice 获知详细的设计内容之后，就可以建立一个英文序列的签名消息，这时的芯核电路就会表现出性质 1 中的相关特性。假如要证明 Alice 的这个声明不能成立，那么 Alice 需要对以下两种情况进行分析：

①首先对 FSM 中某些特定性质的时间延时状态序列进行识别。针对这些水印信息的具体特性来评估它在设计中可能会出现的复杂问题，但是这个评估过程通常会比验证水印的过程还要困难。

②对签名信息进行加密，然后利用单向哈希函数生成签名摘要，生成一个遍历上述状态序列的特定输入序列。鉴于逆向哈希的难度，要逆向计算是不太可行的。这时的 Bob 也可能争辩说 Alice 尝试了大量的签名摘要，直到一个摘要能够表现出它所期望的性质为止。这样，Alice 就没必要完成上述两个问题。由于 Alice 的签名相对简单，这种设计方法只有在 P_β 概率大于 1%的情况下才适用。很显然，在使用该设计方法之前，Alice 需要验证该电路中的 P_β 是否能够抵抗这种攻击。另外，Alice 还需通过大量随机生成的签名信息以及快速估计 P_β 的上限值来判断水印信息的存在。因此，如果芯核电路中 P_β 的值不是很大，那么 Bob 就不能提供有效的证据来说服法庭 Alice 的说法是假的。

（2）Alice 声称她设计芯核电路的状态延时性质在其设计中是唯一的，也就是说，该性质针对其他设计不具备通用性质。如果要证明这个申明，那么 Bob 就需要证明，对于任意芯核电路而言，大量的随机输入序列都会产生一种延时状态序列。显然，这种证明方法不适用于具体应用场合。因此，Bob 就不能证明大量输入序列都会适合这种情况。

（3）当 Alice 在嵌入水印后，如果她想再次添加水印信息，那么她就必须先阻止 Bob 采用不同嵌入方法来嵌入签名信息，然后声称 Alice 盗用其版权设计。要证明这种情况，具体分析如下：一方面，如果 Bob 想要证明自己是原始设计者，那么他需要从芯核中找到相关的水印来证明设计中的签名是他自己的，而非 Alice 的；另一方面，如果 Bob 只是简单地将 Alice 的 IP 据为已有，那么通过相关信息的比较，第三方机构就能够检测到 Bob 带有其签名的设计根本不存在。而这时 Alice 可以证明具有相同功能设计中仅有她的签名，那么 Alice 就足够能证明她才是真正的芯核版权拥有者。

4.7 实验结果分析与比较

4.7.1 仿真测试结果分析

本文在第三方仿真工具 Modelsim 6.2SE 平台上，以 RSA[106] 的测试芯核为例，对水印嵌入前后的电路功能进行了仿真。首先采用 VHDL 语言对芯核水印的测试行为进行描述，其次在 ISE 平台上完成调试编译、仿真和综合布线的工作，最后将综合布线结果载入 FPGA 上进行功能验证。

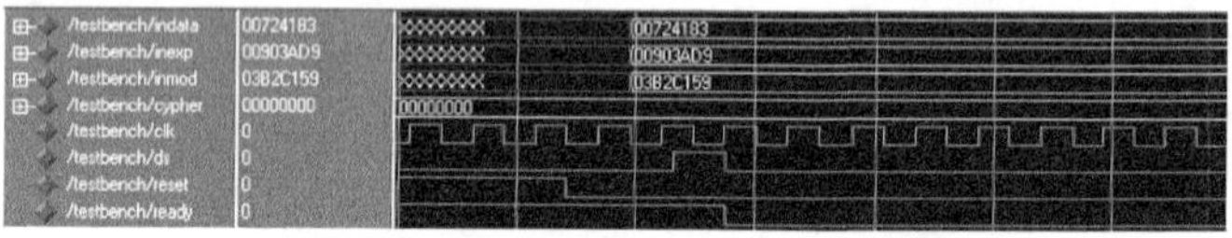

(a) 原始载体功能仿真波形图

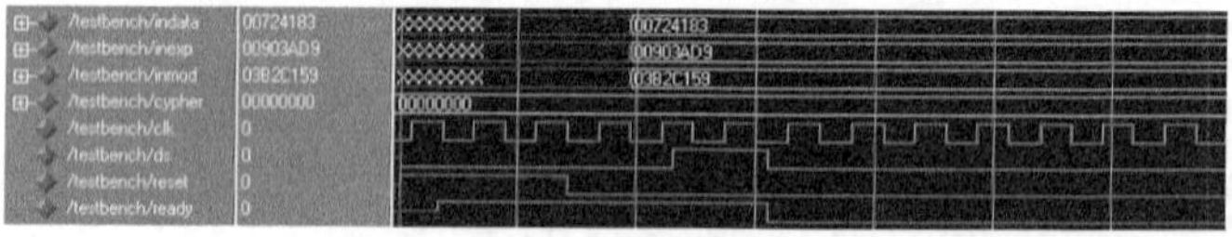

(b) 嵌入水印后载体的功能仿真波形图

图 4.5 水印嵌入前后的功能仿真比较图

在对芯核水印的功能仿真分析中，我们可从上图中得知：在确定其初始密钥 key、数据输入输出信号 ds 和 odata 以及时钟 CLK 的信号驱动的条件下，图 4.5 给出了水印嵌入前后的功能仿真比较图，图 4.5(a)是原始芯核载体中所要实现的功能仿真波形图，图 4.5(b)是对芯核载体中嵌入水印后实现的功能仿真波形图。从图 4.5 中可知，水印嵌入前后的功能仿真在一定延时的条件下完全一致，本文的方法在水印嵌入前后对电路的性能影响很小。

4.7.2　抗攻击性能分析

抗攻击性能是指已嵌入的 FSM 水印信息在各种非法攻击的情况下,FSM 水印信息仍能够被正确提取的能力。在水印信息嵌入芯核电路的过程中, FSM 芯核水印方法中的入侵者是不能从延时状态中获取到原始水印信息的,但他们可以在不考虑电路逻辑性能的前提下,利用功耗攻击的方法对水印的延时状态信息进行破坏。本章主要对 FSM 芯核电路的抗功耗攻击能力进行了分析。

假设 Alice 设计了一个 IP,并且将特定的签名作为水印嵌入设计中。盗用这个 IP 的 Bob 就可能采取非法攻击的方案来破坏并移除水印信息,具体方法为:他可能将水印从设计中移除,或者声称原设计中不存在水印,而现有水印是 Alice 发现该设计之后伪造而成的。Bob 可以采用功耗攻击的方法对 IP 进行攻击,从而阻止 Alice 对他的行为进行取证。

为了有效地评估电路水印嵌入部件的抗功耗攻击能力、提高算法的鲁棒性以及安全性,我们利用 EDA 工具 HSpice 来模拟其相关部件工作时的瞬态功耗[108],并以不同电压的关系来量化其在芯核设计过程中抗功耗攻击的强弱。本章假设芯核算法的嵌入过程中各个状态延时时刻的瞬态功耗为服从正态分布的随机变量,在此时的功耗攻击中,攻击者只需猜测目标密钥的值,并根据其选择的明密文和密钥的猜测,将功耗的样本用来计算功耗攻击的信噪比。假设芯核电路中的密码运算部件与在攻耗攻击的具体时刻的瞬态攻击的信噪比 SNR 服从正态分布,样本数为 n,σ_1,σ_2,分别为均方差,攻击偏差的均值为 ε,通过功耗攻击信噪比的计算公式便可知:

$$SNR = \frac{\varepsilon}{\sqrt{(\sigma_1^2 + \sigma_2^2)/n}} \tag{4.7}$$

从式(4.7)中可知:随着样本容量的增大,功耗攻击的信噪比逐渐增大,攻击者成功实现功耗攻击的可能性也就越大。

在 RSA 芯核布局布线之后，本文对 RSA 芯核实施功耗攻击，当样本数为 100 时，功耗攻击的具体结果即功耗偏差如图 4.6 所示，当密钥的猜测正确时，可以观测到明显的功耗偏差，这样便能成功获取正确的密钥值。

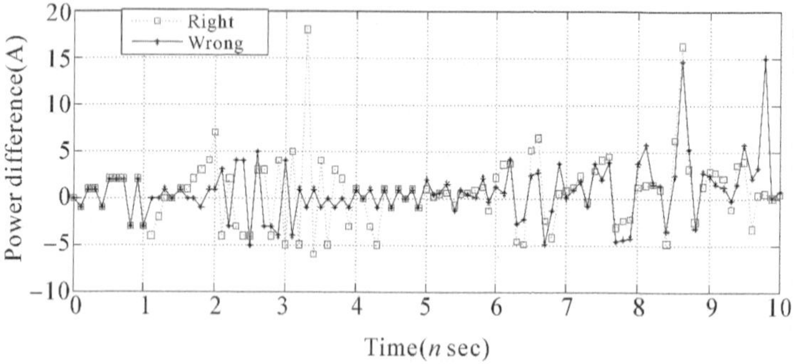

图 4.6　RSA 芯核水印功耗攻击偏差图

本章在保持原始设计布局布线的基础上，利用多线程功耗模拟技术[108]来量化芯核电路中水印嵌入部件的抗功耗攻击能力，这样既不影响原始设计的功能和性能，又可以进一步增强水印嵌入位置的抗功耗攻击的能力。

整个芯核水印的安全性主要取决于非法攻击者能否对所产生的 FSM 状态进行最小化处理。如果能够对 FSM 使用状态进行最小化处理，那么所有的冗余状态将会被移除，从而造成水印信息丢失，最终将会导致芯核电路的版权得不到有效的保护。在实际电路设计的过程中，多数优秀的 IP 核设计相对复杂，研究者通常无法使用该最小化优化程序对 FSM 状态进行非法攻击。因此，我们可以通过改变 FSM 的冗余状态来避免这种攻击的影响。前面提到修改 FSM 的一个重要特征，就是通过识别原始有限自动机来对电路进行处理。具体方法为，通过直接处理电路逻辑状态的方法来对芯核电路的寄存器进行修改。

4.7.3　测试结果比较与评估

本文使用检查程序集合，并通过该集合中的芯核来对水印进行性能评估。标准检查程序中电路的大小变化范围广泛，不会因为芯核电路太小而不能用于本章的水印方法。我们将签名信息作为水印嵌入到这些标准检查程序中，分别对水印建立、验证以及移除所需的时间和资源进行评估，同时也将进一步估计水印过程中，嵌入水印信息对电路大小以及电路延时的影响。最终的实现将使用 SIS 代数脚本方法对水印前后的电路进行优化，同时将该电路映射到标准单元库中。

实验中，我们所使用的计算机为 1.2GHz Sun UltraSPARC-T1 的工作站。所有的实验中水印是 64 位和 128 位，前者是取 MD5 哈希值的前 64 位得到的。为进一步对本文的方法进行验证，采用的测试平台为 Xilinx 公司的 Virtex Ⅱ 系列的 XCV600[88]，采用的三种公用芯核分别为 DES56[104]、ALU[105] 和 RSA[106]。在验证过程中嵌入的芯核水印信息为 128bit。在此，我们主要对芯核水印的时间、信噪比和资源占用比这三个性能进行了测试，测试结果如表 4.1 所示。

表 4.1　芯核水印的物理布局资源性能表

Method	Core	Devices	USED CLBs	Timing(ns)	%SNR	%Resources
Literature [111]	DES	XCV600	972	7.706	0.432	0.786
	RSA	XCV600	668	9.103	0.503	1.899
	ALU	XCV600	481	15.122	0.422	2.591
Literature [112]	DES	XCV600	958	8.416	0.716	0.558
	RSA	XCV600	683	9.706	0.706	2.793
	ALU	XCV600	485	16.231	0.231	2.883
Our method	DES	XCV600	947	7.102	0.602	0.367
	RSA	XCV600	656	8.901	0.491	1.707
	ALU	XCV600	479	14.998	0.368	2.165

由表 4.1 可以看出，在三种芯核载体中，水印资源 CLB 占用最

多的是 DES,最少的为 ALU;然而,电路路径延时最大的便是资源占用最多的 DES,其次是 RSA,最小的为 ALU。将我们的算法与文献[111−112]中的算法进行实验比较可知:我们的方法在其嵌入水印后,虽然电路时间延时并不是最优的,但是我们的信噪比和资源占用率均是最小的。因此,在保证整个芯核水印电路逻辑功能不受影响的前提下,本章所使用的方法相比其他的方法,在安全性与资源开销等方面具有比较明显的优势。

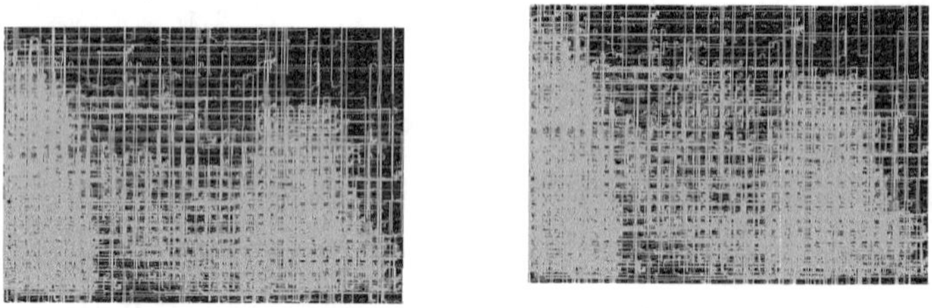

(a) 原始的 RSA 载体物理布局效果图　　(b) 嵌入 128bit 水印后的物理布局效果图

图 4.7　RSA 芯核载体水印嵌入前后物理布局效果图

本章以 RSA 芯核为例,进行了水印嵌入测试实验,从物理布局效果图中可以看出:图 4.7(b)是经过对 RSA 芯核进行嵌入水印信息后生成的效果图,与图 4.7(a)中的原始载体布局图相比,其纹理丰富,中间布线密度面积略有较大,但是其对电路功能的影响却是很小的。

4.8　本章小结

在前面的相关章节中,我们已经对物理级的芯核水印方法进行了研究,而在行为层中的知识产权保护一直是本章节中重点阐述的内容。首先,本章提出了一种基于 FSM 时间冗余属性特征的芯核水印方法,该方法利用电路中的状态转换关系 STG 的修改来提取电路逻辑功能中最大延时状态集,并在特定的电路延时状态集中选定水印嵌入路径；其次，以实例的形式详细地描述了一种基于 FSM 芯核水印化过程，并在 Modelsim 6.2SE 仿真平台和 Hspice 电路模拟平台上，验证和评估了水印化后芯核电路其逻辑功能的正确性以及抵抗功耗攻击的能力；最后，本章在 Virtex 系列 XCV600－6bg432 平台上对实验结果进行了验证。从实验结果可知：本章所提出的方法虽然在芯核载体的电路面积略有增加，但在水印的安全性以及低开销等方面具有较为明显的优势。

5 现场可测试多扫描链芯核水印方案

扫描链水印技术是可测试芯核设计技术中的一项新兴的安全技术。本章首先介绍了多扫描链设计中的相关原理；然后，为了解决多扫描链间的向量相容性问题，提出了一种基于多扫描链的向量相关度模型；最后，以此模型为基础，提出了一种基于多扫描链水印结构的芯核水印方案。

5.1 引言

芯核可测试设计中在版权保护方面具有高实时性和安全性的特点。基于 SoC 中可测性设计思想已成为了芯核水印研究的热点。近年来，研究人员提出了多种可测试芯核水印方法。例如台北科技大学 Fan Yucheng 等人[54]在可复用芯核中添加水印发生电路，并提出了五种可行的水印隐藏方法。根据扫描链水印结构的嵌入规则，在芯片的输出端便可以得到检测水印信息。新加坡南洋科技大学 Cui 等人[56−58]提出几种行为层的约束水印可测试技术，将设计的逻辑网络调整为一些封闭的模块，通过重映射将水印信息嵌入到随机选择的可测试模块之中。此外，该团队在 SoC 可测试性设计中，利用测试扫描中的多扫描链结构进行水印嵌入。印度统计研究所 D. Saha 等人[118]提出在可测试性设计中，利用多扫描链和扫描树的测试结构，分别将物理设计工具所有者和逻辑设计工具所有者的签名信息作为水印信息嵌入其结构中，从而达到芯核保护目的。美国 California 大学 D. Kirovski 等人[66]通过限制一些特定寄存器出现的状态来标记扫描链结构中的特定信息，此方法可通过比较设计中的一些仿真值以及测试中得到的输出向量值，就可以验证水印。

通过研究发现，这些方法在可测试性设计技术中还存在测试时间过长、水印测试结构兼容性较差以及可跟踪性较弱等缺点。随着芯核电路规模的增大，这些方法中扫描链向量相关性问题将会对多扫描链的芯核电路结构在资源开销以及水印嵌入的可靠性能方面造成较大的影响，同时，这些方法也不具备抵抗各种自动逆向工程攻击的能力，攻击者只需将综合和物理设计阶段的工作重设计，便能破坏整个保护工程文件。

本章提出一种针对时序逻辑电路中多扫描链芯核水印的方法，该方法将从 SoC 设计中的多扫描链可测试性模型入手，用一个线性反馈移位寄存器(LFSR) 作为伪随机测试向量生成器。通过测试向量生成器产生的输入测试向量序列构造成一种具有最小相关度的多扫描链水印结构，通过逻辑电路来改变该结构中特定寄存器的状态，从而实现水印嵌入与提取。

5.2　向量相关度数学模型

IP 水印模型的建立是 IP 水印设计技术中非常关键的部分。本节将主要介绍一些时序逻辑电路中扫描链测试向量相关性的基本定义[114]，为新算法中构造具有最小测试向量相关度的多扫描链结构提供一些理论基础。

定义 1　若在时序逻辑电路中多扫描链上至少存在一个输出信号向量 s_0 与输入信号向量 s_{l_1}、s_{l_2} 及 s_{l_3} 之间分别相连通，则可称 s_0 分别与 s_{l_1}、s_{l_2} 及 s_{l_3} 存在信号相关；否则称 s_0 分别与 s_{l_1}、s_{l_2} 及 s_{l_3} 存在信号无关。

定义 2　若在多扫描链结构的时序逻辑电路中共有 n 个输出信号向量与输入信号向量 s_{l_1}、s_{l_2} 与 s_{l_3} 分别相连通并且关联，则称 s_{l_1}、s_{l_2} 与 s_{l_3} 两两之间的相关度为 n；若 n 个输出信号向量与输入信号向量 s_{l_1}、s_{l_2} 与 s_{l_3} 分别不连通且无关联，则称 s_{l_1}、s_{l_2} 与 s_{l_3} 两两之间的相关度为 0。

定义 3　若在多扫描链结构中测试向量存在于 k_1 和 k_2 的任意两列上，那么扫描链单元中测试向量将满足下列两个条件：①测试向量间的相关性和无关性处于互补关系;②测试向量发生信息交换操作后,新的多扫描链结构中测试向量相关性变小,无关性将会变大。

定义 4　若在多扫描链结构中测试向量存在于相同列上,那么扫描链单元中测试向量将满足下列两个条件:①测试向量间的相关性和无关性处于互补关系;②测试向量发生信息交换操作后,新的多扫描链结构中测试向量相关性变大,无关性将会变小。

定义 5　若在扫描链结构的时序逻辑电路中,扫描链 c_1 和 c_2 之间的相关度和无关度分别用 $\Phi(c_1、c_2)$和 $G(c_1、c_2)$表示,n_1,n_2 分别为多扫描链中相关向量和无关向量的个数,那么,扫描链中测试向量发生信息交换时,扫描链 c_1 中寄存器可排序为$\{s_{1,1},s_{1,2},\cdots,s_{1,n}\}$,$c_2$ 中寄存器可排序为$\{s_{2,1},s_{2,2},\cdots,s_{2,n}\}$,$c_1$ 和 c_2 之间的相关度和无关度表达式可分别表示为:

$$\Phi(c_1,c_2)=\sum_{i=1}^{\min(n,m)}(s_{1,i},s_{2,i})=\sum_{i=1}^{n_1}(s_{1,i},s_{2,i}) \tag{5.1}$$

$$G(c_1,c_2)=\sum_{i=1}^{\max(n,m)}(s_{1,i},s_{2,i})=\sum_{i=1}^{n_2}(s_{1,i},s_{2,i}) \tag{5.2}$$

定义 6　若多扫描链 M 中扫描链的条数为 n,扫描链间测试向量相关度之和,我们将其定为多扫描链 M 的总向量相关度 $\Phi(m)$;而扫描链间测试向量无关度之和,我们将其定为多扫描链 M 的总向量无关度 $G(M)$,则得:

$$\Phi(M)=\sum_{i=1}^{n_1-1}\sum_{j=i+1}^{n_1}\Phi(c_i,c_j)=\sum_{i=1}^{n_1-1}\sum_{j=i+1}^{n_1}\sum_{k=1}^{d}(s_{i,k},s_{j,k}) \tag{5.3}$$

$$G(M)=\sum_{i=1}^{n_2-1}\sum_{j=i+1}^{n_2}g(c_i,c_j)=\sum_{i=1}^{n_2-1}\sum_{j=i+1}^{n_2}\sum_{k=1}^{d}(s_{i,k},s_{j,k}) \tag{5.4}$$

定理 1　多扫描链 M_0 经过有限次测试向量信息交换操作之后能够实现一种具有最优构造形式的多扫描链结构 M_p,而对于多扫描

链 M_p 结构中 k_1 和 k_2 的任意两列上存在两个测试向量 S_θ 和 S_φ，$\forall k_1 \neq \forall k_2 \in [1,d]$，$\forall \theta \in [1,|k_1|]$，$\forall \varphi \in [1,|k_2|]$，如果不等式 $\sum_\theta^{k_1} + \sum_\varphi^{k_2} \leqslant \sum_{\theta,\varphi}^{k_1} + \sum_{\varphi,\theta}^{k_2}$ 均成立，那么该多扫描链中测试向量的无关度 $G(M)$ 将为最大值，而此时的测试向量相关度 $\Phi(M)$ 将为最小值。

证明：首先可根据定义 6 中的公式(5.4)变形为：

$$G(M)=\sum_{k=1}^{n_2}\sum_{i=1}^{n_2-1}\sum_{j=i+1}^{d}(s_{i,k},s_{j,k})=\sum_{k=1}^{d}\prod(k) \tag{5.5}$$

$$\prod(k)=\sum_{i=1}^{n_2-1}\sum_{j=i+1}^{n_2}(s_{i,k},s_{j,k}) \tag{5.6}$$

其中，式(5.5)中的 $\Pi(k)$ 表示多扫描链第 k 列上两个输入信号之间的无关度之和。

任取一对无关输入向量 $P=S_\theta$ 和 $Q=S_\varphi$，k_i、k_j 分别表示不同的列，$k_i \neq k_j \in [1,d]$，同时 $\sum_p^{k_i} + \sum_Q^{k_j} \leqslant \sum_{P,Q}^{k_i} + \sum_{P,Q}^{k_j}$，那么多扫描链 M_0 对应的测试向量无关度的关系表达式可以表示为：

$$G(M_0)=\prod(k_i)+\prod(k_j)+\sum_{k=1,k\neq k_i,k\neq k_j}^{d}\prod(k) \tag{5.7}$$

将 S_θ 和 S_φ 的位置进行互换，便可得到新的多扫描链 M_1，相对于 $G(M_0)$，$G(M_1)$ 中相关向量无关度的值发生了变化，于是有：

$$G(M_1)=\prod(k_i')+\prod(k_j')+\sum_{k=1,k\neq k_i,k\neq k_j}^{d}\prod(k) \tag{5.8}$$

此时 $\Pi(k_i)=\sum_P^{k_i}+u$，$\Pi(k_j)=\sum_Q^{k_j}+v$，$\Pi(k_i')=\sum_{P,Q}^{k_i}+u$，$\Pi(k_j')=\sum_{Q,P}^{k_j}+v$，$u$ 和 v 分别为与输入信号 P 和 Q 无关测试向量的值。显然，由已知条件 $\sum_P^{k_i}+\sum_Q^{k_j}\leqslant\sum_{P,Q}^{k_i}+\sum_{Q,P}^{k_j}$，可得：

$$\prod(k_i')+\prod(k_j')\geqslant\prod(k_i)+\prod(k_j) \tag{5.9}$$

从上述分析可知：$G(M_1) \geqslant G(M_0)$。在新的多扫描链 M_1 中，如果两个输入测试向量均满足公式(5.9)中不等式条件，则 M_1 为最优的多扫描链结构；否则将继续进行下一次交换操作得到新的多扫描链结构 M_2，且 $G(M_2) \geqslant G(M_1)$，依此类推，由此可见最终得到的多扫描链 M_p 所对应的测试向量无关度将为最大值。而根据定义 3 可知，多扫描链结构的测试向量无关性和测试向量的相关性处于互补的关系，此时，多扫描链结构中测试向量无关度的值为最大值时，也就推导出测试向量相关度为最小值。

定理 2　若 n 个多扫描链 M_p 上任意两个测试向量 $s_{\theta 1}$ 和 $s_{\varphi 2}$ 分别存在于不同列 k_1、k_2 和相同列 k_1 上，则这两个测试向量在相同列上测试向量相关度的值要大于不同列上测试向量相关度的值。

证明：假设多扫描链 M_p 上的任意两个测试向量分别为 $s_{\theta 1}$ 和 $s_{\varphi 2}$，在多扫描链的任意两个不同列上均满足 $\sum_{S_{\theta 1}}^{k_i} + \sum_{S_{\varphi 2}}^{k_j} \leqslant \sum_{S_{\theta 1}, S_{\varphi 2}}^{k_i} + \sum_{S_{\theta 1}, S_{\varphi 2}}^{k_j}$ 不等式的条件，根据定义 5 中的公式，可得：

$$\Phi(M) = \sum_{k=1}^{n_1} \sum_{i=1}^{n_1-1} \sum_{j=i+1}^{d} (s_{i,k}, s_{j,k}) = \sum_{k=1}^{d} X(k) \tag{5.10}$$

$$X(k) = \sum_{i=1}^{n_1-1} \sum_{j=i+1}^{n_1} (s_{i,k}, s_{j,k}) \tag{5.11}$$

同样，我们可以任取一对输入测试向量 $S_{\theta 1}$ 和 $S_{\varphi 2}$，令 $Y = S_{\theta 1}$，$Z = S_{\varphi 2}$，k_i，k_j 分别表示不同的列，$k_i \neq k_j \in [1, d]$，且满足 $\sum_{Y}^{k_i} + \sum_{Z}^{k_j} \leqslant \sum_{Y,Z}^{k_i} + \sum_{Y,Z}^{k_j}$ 不等式的条件。根据定义 3 我们可知测试向量 $S_{\theta 1}$ 和 $S_{\varphi 2}$ 之间经过位置交换操作后，多扫描链 M_0 所对应的测试向量相关度的关系表达式可表示为：

$$X(k_i') + X(k_j') \leqslant X(k_i) + X(k_j) \tag{5.12}$$

从上述分析可知：如果多扫描链 M_p 上相关度值 $\Phi(M)$ 不为最小值时，那么这个多扫描链上至少还存在一对不在同一列上的两个相关测试向量，而这两个相关测试向量发生位置交换操作所得到的值

将是一个小于等于 $\Phi(M)$ 的新的向量无关度 $\Phi'(M)$ 的值，即 $\Phi'(M) \leqslant \Phi(M)$。式(5.12)中的 $X(k)$ 表示多扫描链第 k 列上两个输入信号之间的相关度之和。

而如果多扫描链 M_p 上的任意两个测试向量 $s_{\theta 1}$ 和 $s_{\varphi 2}$ 存在于多扫描链的相同列上，我们从测试向量相关度的定义可知，$s_{\theta 1}$ 和 $s_{\varphi 2}$ 之间的相关度为 n，且满足 $\sum_Y^k + \sum_Z^k \leqslant \sum_{Y,Z}^k + \sum_{Y,Z}^k$ 不等式的条件，根据定义 4 中对相同列上测试向量相关性的定义可得：

$$X(k') \geqslant X(k) \tag{5.13}$$

我们根据式(5.12)、式(5.13)可知，如果这两个测试向量分别在多扫描链 M_p 的不同列和相同列上的位置信息每交换一次，便可使得新的多扫描链结构中不同列上相关度的值会减少一次，而相同列上的测试向量相关度的值会增加一次。因此，我们可得到在多扫描链相同列上任意两个测试向量相关度的值要大于不同列上任意两个测试向量相关度的值。

由上述分析可知，为了能有效地降低水印的功耗开销和提高水印的安全性能，我们通过构造出多扫描链结构中的最小向量相关度模型来解决扫描链向量相关性过大的问题。而在构造多扫描链时，我们尽可能地将测试向量输入在多扫描链的不同列上，并且控制相同列上测试向量输入的数目，这样有利于多扫描链结构中最小向量相关度模型的建立。

5.3　多扫描链芯核水印方法

5.3.1　总体设计思想

在 SoC 的可测试性设计中，根据上节中基于最小相关度模型的多扫描链结构在水印的嵌入时的特点，通过对电路内部各触发器状态信号进行测试与分析，我们用 LFSR 向量生成器同时给多个扫描链注入测试向量。根据定理 1 可知：多扫描链结构 M 在经过有限次信号交换操作后，便可得到一种具有最小相关度 $\Phi(M_p)$ 的多扫描链结构 M_p，而最小相关度模型将能使多扫描链中测试向量的相关性达到最小。因此，这种结构能够很好地适用于多扫描链结构中水印的嵌入操作。

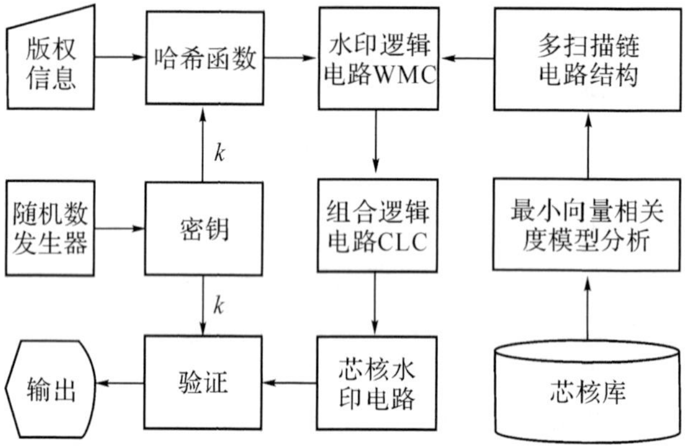

图 5.1　多扫描链水印算法流程结构图

从图 5.1 中，我们可以看出多扫描 IP 水印算法的总体设计流程：首先利用 IP 所有者提供能标识该 IP 所有权的相关信息（包括公司名称、个人信息等）生成 IP 版权信息文件，利用 Hash 算法对生成的 IP 版权信息进行加密压缩运算，利用随机数发生器产生加密私用密钥 k，并对其加密后生成数字水印信息。其次是根据最小向量相关度模型与多扫描链电路结构构建一个多扫描链 IP 水印逻辑电路，利用嵌入算法分析 IP 逻辑电路中的寄存器状态变化情况，在组合逻辑电路中嵌入数字水印逻辑电路。根据数字水印写入时产生的水印密钥 k，通过修改逻辑电路中寄存器的状态变换表来实现水印的嵌入，最终通过 k 来验证提取的信息并判断是否为输入前的数字版权信息。

5.3.2　多扫描链水印结构

为了能在多扫描链结构中嵌入有效的水印信息，以达到版权保护的目的，本文将借助于具有最小相关度的多扫描链结构，提出一种多扫描链 IP 水印结构的设计方法。如图 5.2 所示：由 LFSR 测试向量生成器生成的测试向量，通过并行的方式注入到 n 个扫描链中。此时，我们可以通过扫描寄存器的使能端和时钟信号来控制水印逻辑发生电路的水印输入的位置和容量。在嵌入水印信息之后，嵌入水印的测试状态信息将通过组合逻辑电路中扫描链单元的输出端将测试状态信息进行输出。

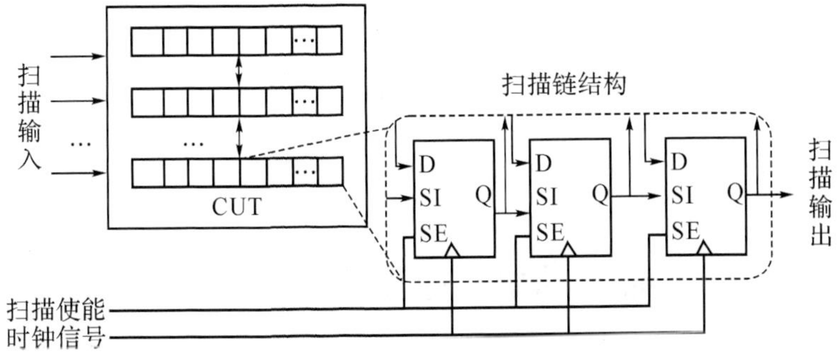

图 5.2　多扫描链结构图

图 5.3 为多扫描链水印方法的一个实例。假设该测试电路包括 6 个扫描单元 $s_i, i=1,2,\cdots,6$，根据定义 3 中多扫描链结构中的扫描链 c_1 和 c_2 的定义方法，可构成两条扫描链 $c_1=\{s_1,s_2,s_3\}$，$c_2=\{s_4,s_5,s_6\}$。水印逻辑电路 WMC 中异或门的一个输入连接到多扫描链的特定位置，另一个输入由水印控制信号 w _ en 和仲裁逻辑电路 ALC 的输出控制，而 ALC 的输出则受测试向量生成器的控制。

当 w _ en=0 时，测试电路处于原始工作状态，扫描测试输出为电路的原始输出；当 w _ en=1 时，完成水印添加过程。在某一状态的作用下，ALC 的输出为 1，则扫描链的某一特定位置上的值经过异或门之后，与原来的值进行取反操作，再进行输出。这样，通过比较原始输出与水印之后的输出，即可实现水印的检测与提取。

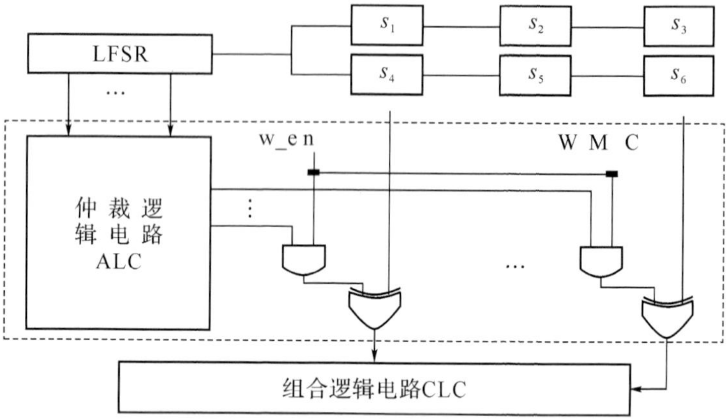

图 5.3　多扫描链水印结构实例

5.4　多扫描链芯核水印算法设计

5.4.1　多扫描链芯核水印嵌入

为了更好地增强算法的安全性能，我们首先将特定的水印信息生成签名信息，并用公钥加密系统中的私钥加密签名信息，使用单向哈希函数得到数字摘要。这里的哈希函数 H 是一个转换关系，以 x 为输入，返回一个固定值，这个固定值称为散列值 h，即 $h=H(x)$。如果哈希函数不可逆转，那它就是单向的，这就意味着对于一个给定值 h，无法计算得到输入 x 使 $H(x)=h$。

假设设计者要在其设计 IP 水印的过程中嵌入独特的版权信息，那么可以按照 IP 水印算法的基本流程，采用哈希算法 MD5 将版权信息转换成一串 128 位的数字摘要。其中的 $\Re$ 表示需要嵌入的版权信息，H 表示哈希函数，ξ 表示生成的数字摘要信息，从而有 $\xi=H(\Re)$。将 ξ 转换成二进制序列 $\langle\beta_1,\beta_2,\cdots,\beta_i,\cdots,\beta_n\rangle$，同时利用混沌动力系统产生一组关键密钥 $\kappa_s\langle\kappa_{s1},\kappa_{s2},\cdots,\kappa_{sj},\cdots,\kappa_{sp}\rangle$，将序列 $\langle\beta_1,\beta_2,\cdots,\beta_i,\cdots,\beta_n\rangle$ 散列分布得到待嵌入芯核水印的分组序列集合

$\{\langle\tilde{\omega}_1,\tilde{\omega}_2,\cdots,\tilde{\omega}_j,\cdots,\tilde{\omega}_p\rangle\mid\tilde{\omega}_j=\langle\beta_{k,\cdots r}\rangle\}$。根据得到的 $\tilde{\omega}$ 序列，我们首先可将$\{\gamma(\tilde{\omega}_j)\mid 1<j<p\}$作为一组附加约束条件对测试寄存器状态变化的寄存器位置进行控制，从而实现水印嵌入的过程中寄存器状态信息的可控性；然后，选择一条具有最小相关度特性的多扫描链测试序列$\langle s_1,s_2,\cdots,s_i,\cdots,s_\lambda\rangle$，通过设计的仲裁逻辑电路 ALC 将附加约束条件 $\gamma(\tilde{\omega}_j)$限定到逻辑电路的某些扫描单元的位置上，当水印使能信号 w _ en 驱动水印逻辑发生时，仲裁逻辑 ALC 将依据约束条件的限定来选择特定的逻辑单元；其次，水印逻辑电路 WMC 将参照仲裁逻辑的选通任务来完成特定单元状态的改变。为了能够对水印逻辑电路 WMC 的输出值进行有效的控制，我们设计了两种工作模式，如图 5.4 所示，当 w _ en=0 时，电路处于正常工作模式，在这种模式下，我们可以通过输入的时钟信号来检测寄存器的工作是否正常；当 w _ en=1 时，电路处于寄存器测试工作模式，此时每条扫描链中的第一个触发器可以通过输入端口进行直接设置，这时的输入状态位可以称为水印位信息的输入的初始位，根据逻辑电路寄存器结构的设计和电路信号状态控制的结果依次进行水印位的嵌入，最终的逻辑电路水印扫描嵌入的结果可由扫描输出的状态信息进行成功检测。以下为水印嵌入算法的伪代码：

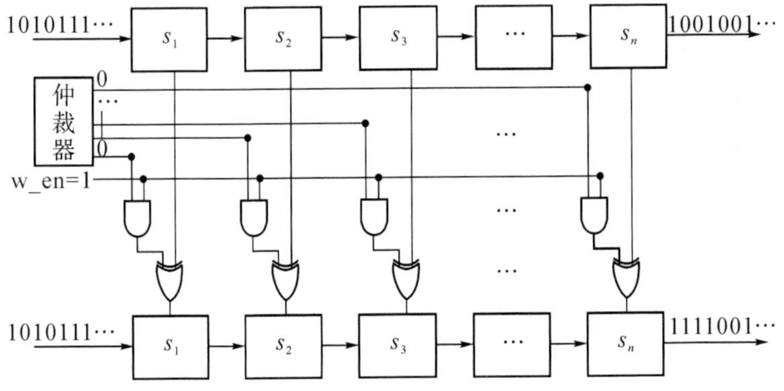

图 5.4　多扫描链水印嵌入过程图

```
Watermark_Embedding()
begin
Initialization()
begin
      mp=m0;
      k=0;
end
Construction_Structure()
begin
      while(1) do
      if minimum_correlation_condition then
           mp=mk++;
           return m_p;
       else
           position_change();
           Generation_New_Structure(mk++);
      end
end
Input(m_p, ownership_information inf);
Preprocess()
begin
      msg=hash(inf);
      len=length(msg);
      i=1,j=4;
      while(len--) do
           b_i=hextobin(msg);
           i=j+1, j=j*2;
  end
end
Generation_Key(k_s);
```

```
31 Generation_Watermark_Fragments(w);
32 for i=0 to length(w-1) do
33 r[i++]=constraint(w_i);
34 end
35 if w_en=0 then w_en=1;
36 alteration with r;
37 Output_Watermarked_Design();
38 end
```

第1～16行是最小相关度扫描结构的构造过程，生成的最小相关度扫描结构用于进行水印的嵌入；第17行读入原始扫描设计和需要嵌入的签名信息；第19～25行是对版权信息的预处理过程，得到待嵌水印的信息，该信息将被存储，用于比较提取的水印信息，从而进行版权认证；第28～31行通过产生一组关键密钥序列用于产生水印片段信息，同时将其进一步转换成水印位置的附加约束条件，该约束的产生将作为水印提取的标记；第33～35行对水印逻辑电路进行驱动，同时针对水印位置附加约束条件所限定的水印嵌入点，对该嵌入点的扫描单元状态进行改变，从而实现水印信息的嵌入。

5.4.2　多扫描链芯核水印检测

当IP版权所有者怀疑其IP可能被盗用时，便可申请由中立的第三方组织从水印后的可测试性设计中检测出嵌入的水印信息，从而可以很容易对IP的所有权进行验证工作。

首先读入可疑IP的多扫描链设计的结构信息，利用测试向量生成工具LFSR生成扫描测试向量。此时w_en=1，水印逻辑处于测试状态。测试向量移入多扫描链结构之后，通过待测电路中组合逻辑将测试响应进行输出，此时在扫描输出端口可以检测到水印后的状态响应向量δ_m。将w_en状态置0，整个设计的扫描测试结果为原始的响应向量δ。据此，对于同一测试向量，可以比较水印前后的响应向量δ与δ_m，找出发生改变的位置便可得到相关的水印位置序列，进一步将该位置序列进行一系列转换即可得到水印块序列。通过水印嵌入时使用的关键密钥 $\kappa_s\langle\kappa_{s1},\kappa_{s2},\cdots,\kappa_{sj},\cdots,\kappa_{sp}\rangle$，对水印块序列进行重新组合即是检测到的水印信息 ξ'，比较 ξ' 和 ξ 是否一致，版权信息就可以得到验证。该过程如下列检测算法伪代码所述：

```
1    Watermark _ Detection()
2    begin
3    read in suspected design;
4    LFSR: Generation _ Test _ Vector(v)
5    Om=Scan _ Test(v); // watermarked scan response
6    w _ en=0;
7    O=Scan _ Test(v); // normal scan response
8    Compare(O, Om)
9    begin
10       for i, j=0 to length(O)-1 do
11           if O [i]=Om [i] then i++;
12           else
13               rm[j++]=position(Om [i]);
14           end
15       end
16    end
17    wm=Converse(rm);
18    infm=ToGetInf(ks,wm)//extract ownership information
19    if infm=inf then
20        verification();
21        return success;
22    end
```

第 1～3 行读入带水印的最小相关扫描设计，此时水印逻辑电路处于工作状态，通过 LFSR 伪随机线性反馈移位寄存器产生一组测试激励信号，对水印设计进行扫描输出；第 4～5 行使具有最小相关度的扫描设计处于正常工作状态，利用同一组测试激励信号对其进行扫描输出；第 6～16 行是水印的检测过程，即水印嵌入算法的逆过程;第17～20行通过比较检测的水印与原始嵌入信息,对版权所有进行验证。

5.5　实验结果及性能分析

基于最小相关度模型的IP水印算法,通过VC语言和VHDL语言在CPU为1.2GHz Sun UltraSPARC-T1的工作站上运行成功,采用的实验工具是新思公司的Design Compiler设计工具和Powermill电路功耗模拟工具[108]。本文的实验电路来源于扩展的ISCAS'89和ISCAS'99标准测试程序集合[3],在该标准测试程序集中电路的种类较多,不仅包含了简单有效的模块单元电路,而且还包含了复杂的大规模数字电路。我们将特定的编码信息作为水印信息嵌入到这些标准测试电路程序中,通过从水印化资源开销实验和检测可靠性实验对本文的算法进行结果分析与比较。

5.5.1　资源开销验证

合理估计嵌入水印所需的应用时间和电路功耗开销在整个水印算法设计过程中是非常重要的,我们通过对扫描操作过程的分析,在扫描嵌入过程中产生的功耗除了扫描链上的测试向量移位产生的平均功耗之外,时钟跳变的峰值功耗也是不可忽视的一部分。在IP电路水印化后的功耗资源验证实验中[116,117],为了保证电路具有最小的功耗开销,我们将多扫描链分割成多个并行的子扫描链结构,而这种结构可以让IP电路中的逻辑门值处于最优控制状态。我们选用了10个基准电路来做水印嵌入时间和功耗开销的实验。实验中扫描链功耗评估的模型作为功耗估算的实验方法,该方法主要通过计算各扫描链上电路节点中的翻转次数来反映实际电路的峰值功耗。如果各子扫描链上电路的峰值功耗和电路的输入向量序列之间存在最小向量相关性,那么我们便可通过式(5.14)来求得嵌入水印时所需的扫描电路的总功耗值。

$$P = P_{avg} + \sum_{i=1}^{I_{num}} \Delta a(x_{x_i}) S_{a(x_i)} \tag{5.14}$$

其中，P_{avg} 为电路的平均功耗，$S_{a(x_i)}$ 为功耗参数，$\Delta a(x_{x_i})$ 为电路在取得平均功耗时跳变率的差值。为了分析 IP 水印电路中子扫描链上的总功耗开销和时间开销的变化情况，我们采用 Powermill 电路功耗模拟工具对 12 种基准电路进行了开销分析。从表 5.1 中可知：表中前面四列分别给出了电路的名称，扫描单元的个数，最小测试向量个数和最小向量相关度值；后面三大列分别给出了多扫描链子扫描链结构的输入个数，其中 Pw(%)代表总功耗减少的变化率，Time(%)代表应用时间减少的变化率。

从表 5.1 可看出，在最小向量相关度模型的多扫描链水印结构的基础上，随着子扫描链个数的增加，表中 12 个基准电路的测试时间和总功耗减少的变化率均出现增大的现象。例如：当 $N=4$ 时，12 个基准电路在多扫描链电路中总功耗和应用时间这两种开销降低的变化率上升幅度增大。根据公式(5.10)，我们可计算出 12 个基准电路在构造多扫描链结构时的最小相关度值，同时在这种多扫描链结构的设计基础上，随着子扫描链数目的增加，我们的方法使得多扫描链上测试向量中不同列上无关向量数目出现不同程度的增多，同时也减少了扫描链间相关测试向量的逻辑异或运算和位置交换的操作频率。因此，如果链上存在这种现象，那么其子扫描链水印嵌入过程中水印的应用时间和总功耗开销降低的幅度也将变为最大。

表 5.1　最小向量相关度模型的多扫描链结构电路性能表

Benchmark circuits	#FFs	TEST	$\Phi(M_p)$	$N=2$		$N=3$		$N=4$	
				Pw(%)	Time (%)	Pw (%)	Time (%)	Pw (%)	Time (%)
S1423	74	88	12	28.1	37.9	49.5	56.7	75.4	63.3
S3271	117	125	15	24.3	36.6	52.8	41.4	71.9	62.1
S3330	122	134	17	27.6	38.5	53.2	53.8	76.6	63.5
S3384	128	138	19	28.8	38.1	49.5	56.6	77.8	64.2

续表 5.1

Benchmark circuits	#FFs	TEST	$\Phi(M_p)$	N=2		N=3		N=4	
				Pw(%)	Time (%)	Pw (%)	Time (%)	Pw (%)	Time (%)
S5378	179	162	22	20.8	38.9	53.5	57.3	78.9	64.4
S6669	195	202	25	29.8	38.8	48.6	48.8	77.6	68.2
S9234	243	348	29	27.2	39.0	50.2	56.9	76.7	64.5
S13207	710	80	24	27.0	37.8	49.7	54.7	76.4	64.4
S15850	793	351	42	25.1	39.6	48.5	46.5	75.7	64.5
S35932	1819	2879	48	24.3	37.4	47.9	56.7	72.6	66.2
S38417	1887	651	56	22.2	35.1	56.1	53.2	72.2	66.4
S38584	1993	1056	45	28.1	31.3	51.5	51.5	75.6	66.5

为了更好地反映我们的方法在 IP 水印电路的测试时间和功耗开销方面的优势，在最小测试向量相关度模型的基础上，我们选用文献[54,118]中的方法与本文提出的方法进行了实验对比。

实验步骤为：①选择 10 种基准电路，在 w _ en=1 的测试模式下，用时钟控制器(Clock Controller)为各基准电路的子扫描链产生时钟信号，同时用扫描使能信号(ScanEN Controller)控制器作为各子扫描链装载测试向量，在这两个信号控制器的作用下，选择最优的子扫描链去捕获水印输出响应；②我们可以求得 IP 水印总功耗和测试应用时间的变化率值。从图 5.5(a)和图 5.5(b)中可以看出，当 $N=4$ 时，嵌入水印的容量为 128bit，随着图中 10 个基准测试电路门数的增加，本文方法的嵌入时间和功耗开销的变化率曲线显得较为平缓。这是由于在水印嵌入过程中，随着扫描链数目的增加，扫描链上扫描寄存器处于扫描测试状态，而该状态中各个子扫描链中测试向量间的相关性和无关性发生了一些变化。根据定理 2 可知，在相同列上的测试向量相比于不同列上的测试向量，测试向量的相关度值变大，相关向量发生交换操作的频率值增大，而我们的方法采用附加约束条件的方法对相同列上测试向量相关性增大的情况进行了控制，使得水印嵌入过程中总功耗和应用时间的变化率值随之降低。

当多扫描链中不同列上测试向量相关度的值不再发生变化的时候，此时多扫描链结构中测试向量无关度的值为最大值，而测试向量相关度的值将变为最小值。因此，我们提出的方法相对于文献[54,118]中提出的方法在测试时间和功耗开销等方面具有明显的优势。

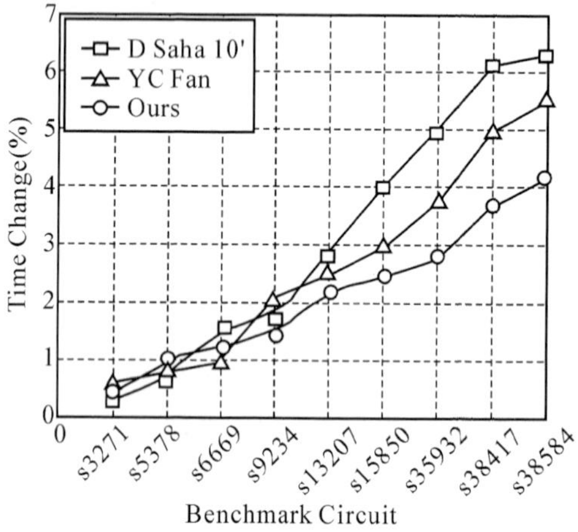

(a) 延迟时间变化率曲线图

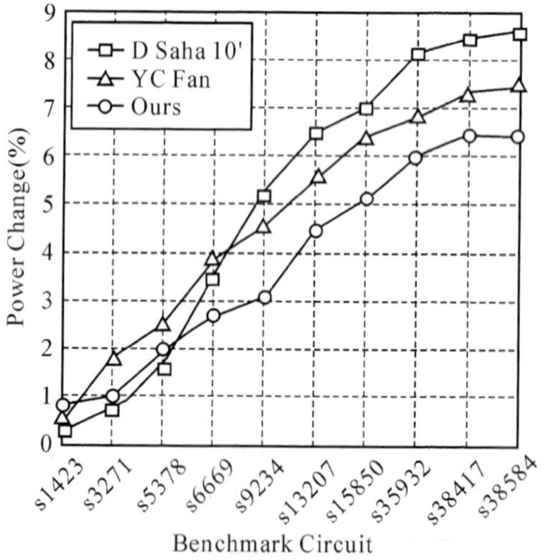

(b) 测试功耗变化率曲线图

图 5.5　N=4 时测试电路测试时间和功耗变化率曲线图

5.5.2　可靠性实验分析

实际应用环境中，水印的抗共谋攻击方法往往比标准测试电路中使用的其他抗攻击方法复杂很多。抗共谋攻击的方法主要是指当含有水印信息的数据被分发到大量的用户中去的时候，其中的一部分用户联合起来，利用他们所知的水印信息来得到不可知水印信息的数据，但是这种攻击的方法容易使得水印算法发生虚警和漏检等错误。

虚警巧合率通常是指在未嵌入水印的情况下，错误检测到水印的概率。为了对 IP 水印算法的安全稳定性进行有效的评估，我们假设测试电路为大规模集成电路，而在多扫描链测试电路中，检测虚警巧合率 P_c 为无水印设计碰巧带有水印的概率，令 λ 为待嵌入的水印片段数目，从一个具有 n 个扫描单元的多扫描链结构中选择 λ 个单元进行水印嵌入的概率为 $1/C_n^\lambda$。假设所选择 λ 个单元的寄存器状态中，“0”和“1”的数目相等，用 p_{01} 和 p_{10} 分别表示状态“0”和状态“1”转换的概率，有 $p_{01}=p_{10}\approx 0.5$，那么可通过公式(5.15)计算出 P_c 的值。

$$P_c=\frac{1}{C_n^\lambda}(p_{01})^{\frac{\lambda}{2}}(p_{10})^{\frac{\lambda}{2}}\approx\frac{1}{2^\lambda C_n^\lambda} \tag{5.15}$$

虚警巧合率 P_c 作为水印算法检测可靠性衡量的重要指标，其大小直接关系到整个 IP 水印算法的安全嵌入和检测的效果。在 IP 水印设计过程中，我们往往希望虚警巧合率 P_c 的值是趋向于 0 的。因此，本文主要对多扫描链水印电路中虚警巧合率 P_c 的值进行实验测试。

通过定理 1 中多扫描链最小相关度 M_p 构造的模型来选择最优多扫描链 IP 水印的结构，并在测试电路的最优多扫描链 IP 水印结构中分别嵌入不同容量的水印信息，然后对嵌入水印的测试电路进行 10 000 次共谋攻击。在对水印电路进行共谋攻击的模式下，攻击者们要想通过添加自己的水印电路来得到未知的水印信息，这个过程需要通过分析电路的逻辑状态以及局部逻辑功能的变化来获得密钥值，其难度与重新设计及优化新的 IP 水印算法的难度相当。

实验电路选用了标准库中规模较大的 5 个电路，它们分别为：s3271、s4863、s6669、s15850、s35932。我们分别对 5 个测试电路嵌入 32 位和 128 位的水印信息。同时在嵌入的过程中，我们采用水印共谋攻击的方法对水印算法进行虚警巧合率 P_c 的测试实验。我们从图 5.6(a)和图 5.6(b)中的实验结果可以看出：在水印算法的共谋攻击环境下，嵌入水印容量较小时，多扫描链结构中产生子扫描链数目的条数越多，其多扫描链水印的算法就越稳定，这样有利于将嵌入信息均匀地分布在各个扫描链的不同列上，而当嵌入容量比较大的时候，扫描链的数目增多将会进一步提高水印算法的安全可靠性能。这是由于在基于最小向量相关度模型的多扫描链结构的基础上，我们的方法降低了多扫描链间不同列上测试向量的相关性，使得多扫描链水印电路测试单元中无关向量的数目保持稳定，相关向量的数目将随着水印嵌入容量的增大而出现减少的现象。从图 5.6 中可知：在共谋攻击的情况下，随着扫描链数目和水印嵌入容量的增加，水印电路中测试向量的 P_c 值呈现了下降趋势，这说明我们的方法在水印嵌入过程中算法的稳定性能得到了明显提高。

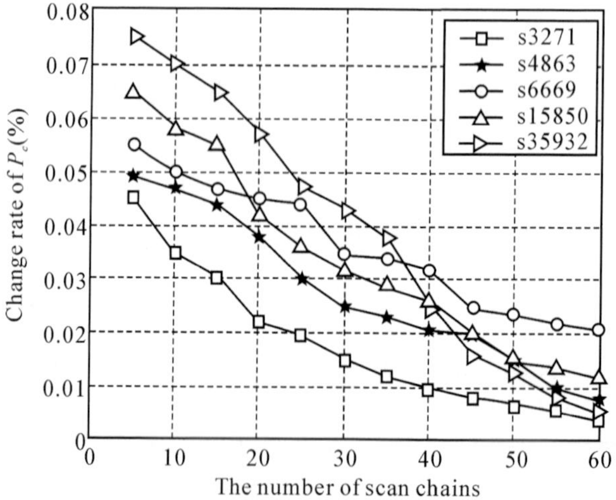

(a) 嵌入 32 比特水印后的 P_c 变化率曲线

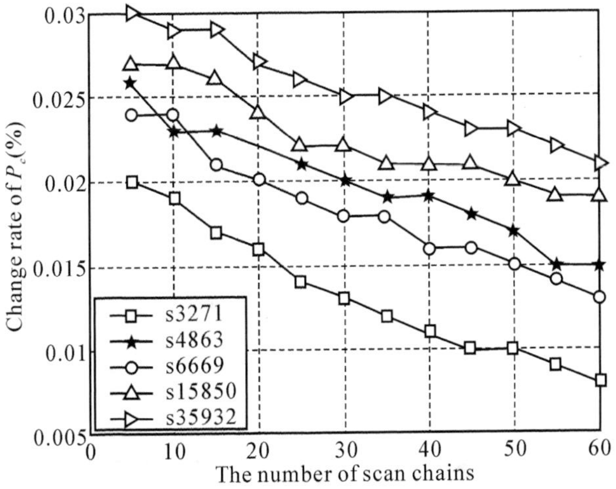

(b) 嵌入 128 比特水印后的 P_c 变化率曲线

图 5.6 水印后的虚警巧合率 P_c 的变化率曲线图

5.5.3 抗攻击性能

在对水印电路进行随机攻击的模式下，攻击者要想移除水印信息，然后添加自己的测试电路，这个过程需要通过修改电路的逻辑状态以及替换局部电路的功能逻辑，其难度与重新完成特定的测试生成与优化的难度相当。在本文的算法结构下，实验电路仍然选用了标准库中规模较大的 5 个电路，我们分别对 5 个测试电路嵌入 32 位和 128 位的水印信息，嵌入的结果如图 5.6 所示，我们可以看出：随着测试电路规模的不断增大，多扫描链结构中的扫描链条数也在不断增大，但是各个测试电路的 P_c 值都呈现下降趋势，然而图 5.6(a)中 P_c 变化率曲线要比图 5.6(b)中 P_c 变化率曲线的下降幅度要缓，这也正好验证了我们的算法在大规模的电路中，水印长度较大的电路要比水印长度较小的电路更具有抵抗攻击的特点。

为了能进一步验证该方法的优势，我们将本文的方法与文献[123,124]中的方法对虚警巧合率 P_c 的值进行了对比实验，实验中只选取了三个逻辑门数较大的电路作为实验测试电路，它们分别为

s6669、s15850 和 s35932。随着多扫描链中扫描单元 n 的数目不断增大，通过公式(5.15)可知，本文中多扫描链结构中水印的虚警巧合率 P_c 降低的幅度应该是最大的。我们分别通过三种不同的方法在测试电路中嵌入 128 位的水印信息，从图 5.7 的实验比较结果可看出，本文的方法相对其他两种方法，其虚警巧合率 P_c 值均是处于最低的。因此，我们的方法在构造最小相关度模型的基础上，有效地控制了多扫描链间的测试向量相关性较大的现象，进一步提高了多扫描链 IP 水印算法在水印嵌入过程中算法的可靠性能。

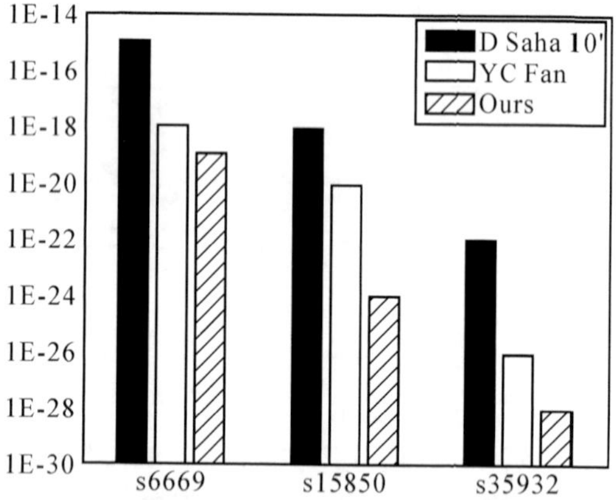

图 5.7　嵌入 128 比特水印信息后三种方法的 P_c 值比较

5.6　本章小结

本章提出了一种基于多扫描链结构的可测试 IP 水印方法，该方法采用测试向量序列构造了一种具有最小相关度模型的多扫描链 IP 水印结构。通过对该结构的设计，我们采用了一些特定的逻辑电路来改变该结构电路中寄存器的状态，改善了水印化过程中水印在嵌入时间、功耗开销以及可靠性等方面的性能。同时，该方法能够方便地提取出 IP 封装之后的水印信息，有效地验证用户版权的所有权归属问题。实验结果表明：与现有相关文献相比，在水印嵌入的过程中，该方法不仅可以有效地降低应用时间和功耗开销，而且还具有较高的可靠性能。但是本章中的方法并没有完全解决多扫描链水印结构中测试向量间的相关性问题，例如在同一列上的多扫描链测试向量相关性与不同列上测试向量相关性之间的依赖关系，以及在水印嵌入过程中多扫描链结构相同列上测试向量最优相关性控制模型的设计，这些均是我们在下一步工作中需要深入研究的主要内容。

6 高容量 FPGA 芯核水印方案

FPGA 芯核水印作为数字水印应用的一个新领域，具有很高的研究价值，它可以广泛应用到各种半导体集成电路设计中，以实现版权声明的目的。近年来，FPGA 芯核水印的研究已经得到越来越多的国内外研究学者的关注，但是其研究进展依然非常缓慢。国际上的相关报道主要集中于印度、西班牙、德国、美国等少数国家，而国内相关的报道还比较鲜见，还存在许多工作尚待展开。目前，FPGA 芯核水印的研究仍然存在许多问题，本文将在芯核物理级提出一种基于分散隐藏策略的高容量芯核水印算法，保证算法在水印容量、性能影响和安全性方面具有较好的优势。

6.1 设计目标

本章中基于分散隐藏的高容量 FPGA 芯核水印算法的设计，主要考虑以下四个方面的设计目标：

(1) 透明性

采用芯核水印算法完成水印添加时，芯核水印必须保证对芯核的功能行为没有任何影响，这是芯核水印算法的基本要求。

(2) 水印容量

水印容量是衡量芯核水印算法是否能提供有力证明的指标。嵌入的水印容量越大，越能够提高芯核水印的可信度。然而，水印容量越大，对芯核设计的性能影响也会越大，这就需要选择一个折中的方案。

(3) 性能开销

水印嵌入会给芯核的资源、时序、功耗等指标带来一定的影响。一般而言，根据透明性要求，芯核的功能、速度、功耗等指标仍须满足原始芯核设计的要求。允许的性能开销主要指的是资源和时序的开销。

(4) 安全性

安全性是指水印能够抵抗有意篡改和恶意攻击的能力，也称为抗攻击性，它是衡量芯核水印算法好坏的一个重要指标。

6.2　相关数学模型建立

6.2.1　精简压缩模型

在芯核水印算法中，嵌入较大的数据量往往会对载体的性能造成较大的影响。在表示相同容量的版权信息的情况下，嵌入更小的水印内容是本文考虑的性能之一。实际嵌入内容的减少，也就降低了对载体的性能影响。换句话说，在产生相同性能影响的情况下，应能够嵌入更多的水印信息，提供更加有力的版权证明。考虑到上述性能指标，本节提出一种精简压缩的模型，将其应用到芯核水印的预处理机制中，可以满足上述性能要求。

精简压缩模型利用压缩函数对数据量较大的信息进行转换与精简，最终得到最小相关联的数据。该模型建立的关键是选择适当的压缩函数模型。结合芯核设计的特点，本文选择线性组合函数模型作为压缩函数，将数据量较大的原始版权信息转换成压缩数据（待嵌比特内容）与附加约束（对应位置信息）的组合。对于芯核水印算法来说，待嵌比特内容与位置信息存在一定的相关性，且位置信息属于附加约束条件。利用附加约束条件可以确定待嵌比特内容的实现位置，因而实际嵌入到芯核设计的水印就只有压缩得到的待嵌比特内容，图 6.1 为精简压缩模型示意图。

衡量该模型压缩得到的水印容量大小可以采用水印压缩比指标，它是指表示相同的版权数据信息需要的最大水印数据量与最小水印数据量的比值。压缩比越大，能够嵌入的容量也就越大，反之则越少。

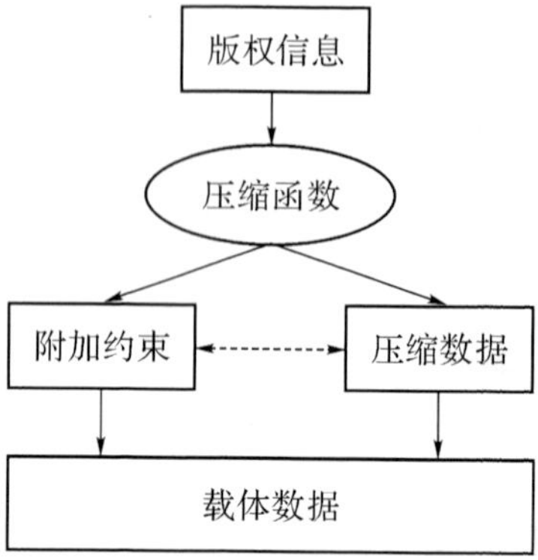

图 6.1 精简压缩模型

6.2.2 分散隐藏策略模型

集成电路芯核设计在功能、时序等性能方面具有较高的要求，芯核水印算法的设计必须在不影响设计功能的前提下，保证水印嵌入不会对芯核产生很大的影响。现有的一些芯核水印算法属于集中型嵌入方法，即将整块水印信息直接嵌入到芯核设计的某个位置，这种方法在安全性和抗攻击性方面的性能较差。考虑到集成电路芯核设计的特点，本文提出一种基于分散隐藏策略的芯核水印模型，以加强水印嵌入的安全性。该模型可以解决集中型水印嵌入在性能上的缺陷，实现更加安全的水印嵌入。算法首先将整个版权信息进行预处理，然后划分成多个小的水印分组，分别将这些分组转换后分散嵌入到芯核设计中。

分散隐藏策略的芯核水印模型结构如图 6.2 所示，版权信息经过处理后分散成多个水印信息$\{M_i \mid i=1,2,\cdots,n\}$，按照水印实现方法将$\{M_i \mid i=1,2,\cdots,n\}$嵌入到芯核电路的多个位置。这种分散式的隐藏方法能够提高水印的安全性和隐蔽性，攻击者实施移除攻击需要搜索芯核设计的每个位置。对于超大规模集成电路而言，这种攻击方法所花费的开销如同重新设计。

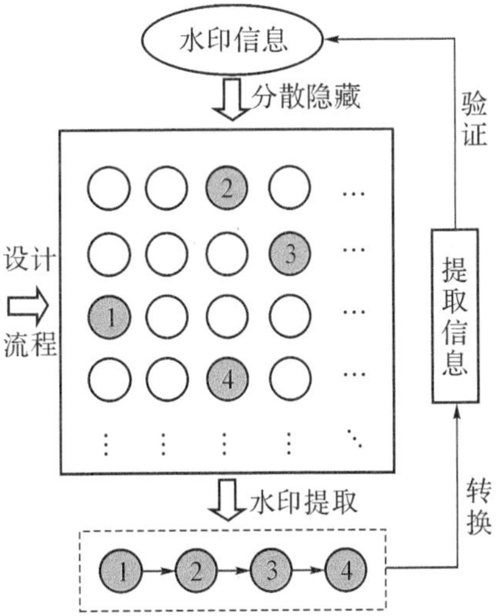

图 6.2　基于分散隐藏策略的芯核水印模型

6.3　芯核水印算法流程

为了解决现有算法存在的缺陷，本章针对基于分散策略的高容量芯核水印算法进行研究，确保水印嵌入容量大并且性能影响较小。图 6.3 展示了本章芯核水印算法的基本流程，主要包括水印生成算法、水印嵌入算法和水印提取算法设计。首先利用水印生成算法将芯核所有者的版权信息转换成水印信息$\{M_i \mid i=1,2,\cdots,n\}$和对应的位置信息$\{P_i \mid i=1,2,\cdots,n\}$，利用水印嵌入算法将得到的水印信息$\{M_i \mid i=1,2,\cdots,n\}$添加到芯核设计的特定位置$\{P_i \mid i=1,2,\cdots,n\}$，最终生成带有水印的芯核设计。水印的嵌入并不会带来功能上的影响，因而，用户可以通过合法手段购买得到此芯核并复用到其系统设计。若芯核所有者发现非法用户将此芯核应用到系统设计，可以向第三方中立机构申请利用提取算法从含水印芯核的水印位置提取得到水印分组信息。如果芯核所有者提供的方法能够得到正确的版权信息，那么可以证明该用户盗用芯核设计。芯核所有者可以向法院申诉并且要求实施盗用行为的用户赔偿损失。

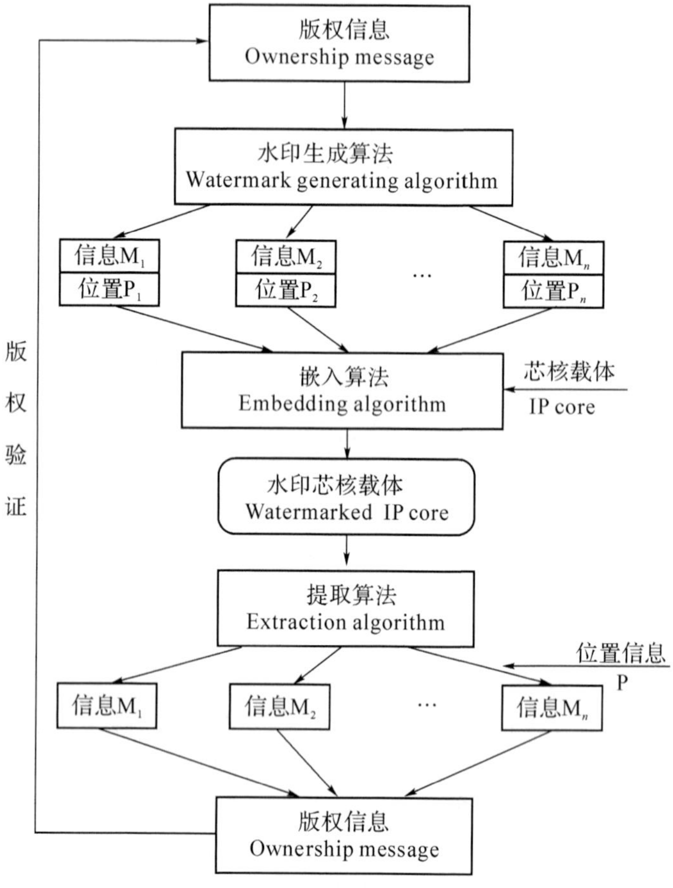

图 6.3　芯核水印基本流程

6.4　基本算法

针对 FPGA 芯核的水印算法，John Lach 等人首先提出利用未用查找表的结构进行逻辑函数配置以达到芯核水印嵌入的目的。算法首先将版权信息转换成 ASCII 码的形式，同时利用加密算法对其进行加密处理得到待嵌入的水印信息，最终将水印信息在未用查找表单元中进行实现。由于添加水印的查找表是独立存在于设计中，为了增强水印的安全性，文中引入一些无效的连线来隐藏水印的嵌入位置。这种方法是最早的 FPGA 芯核水印算法，之后的许多方法均是借鉴此模型完成数字水印的嵌入过程。这种方法的缺点在于水印嵌入对芯核设计的资源面积性能影响大，水印容量有限，水印容易遭到移除攻击。

针对 FPGA 芯核水印算法的研究中存在的问题，本文提出一种基于分散隐藏策略的高容量 FPGA 芯核水印算法。算法提出的水印预处理机制采用精简压缩模型，主要是用来增加水印容量，标识相同的版权信息只需少量的实际水印嵌入量。这样，不仅可以为版权归属提供更加有力的证明，而且水印嵌入对设计的性能影响也降低了。分散隐藏策略提高了水印的安全性，也在一定程度上增加了算法的抗攻击能力。

6.4.1　芯核水印生成算法

芯核水印的生成算法多数利用特定的密钥，将一些可以标识版权的信息（如公司名称、用户身份等）经过加密转换后生成适合于芯核电路的水印信息。现有的许多芯核水印算法中，水印的生成方法都比较简单，例如将版权信息用二进制形式标识后再利用加密算法对其进行置乱处理。另外还有利用 MD5 等单向哈希函数生成数字摘要作为水印信息，这种方法虽然选择安全性较高的加密算法，但是由于得到的水印密文仅仅是在分组后直接嵌入到设计中，对芯核电路的性能具有较大的影响。

为了降低水印嵌入对芯核设计的性能影响，本文提出一种水印预处理机制。该机制采用精简压缩模型，以提高芯核水印的嵌入容量并且避免带来更多额外的嵌入开销。在新的水印生成算法中，加密后的版权信息进行转换，生成水印嵌入的位置信息和实际嵌入比特内容的线性组合。水印位置信息是一种附加的约束标识，而比特内容为实际嵌入到设计中的水印。这样，便能以更小的实际嵌入量来标识更多的水印信息，增加算法的水印容量。这种预处理方法可以降低水印嵌入带来的性能影响，同时也能足以证明版权的归属。

本文中，芯核水印的生成过程主要包括芯核水印的加密置乱和预处理过程，如图 6.4 所示，下文将对这两部分内容进行详细介绍。

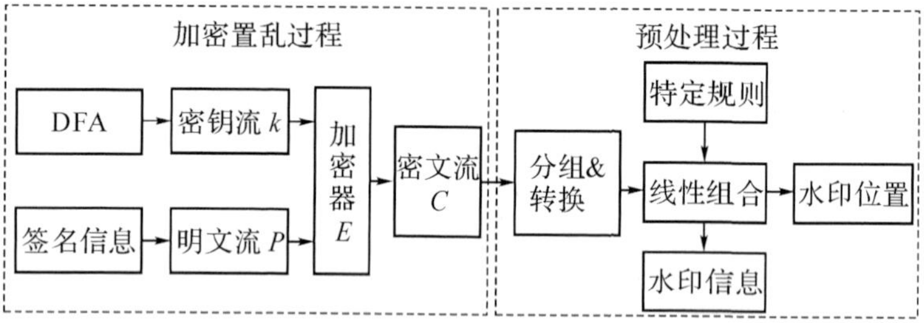

图 6.4　芯核水印生成过程

6.4.2　芯核水印加密算法

为了实现芯核水印的安全，本章提出的算法不嵌入原始的版权水印信息，而是在密钥控制下将版权信息转换成一个变异版本(即预处理水印信息)，并将其嵌入到原始芯核设计中。这样，只有拥有正确密钥的合法用户才能得到水印信息，并将其转换成原始版权信息。

本文提出的芯核水印算法中，水印生成过程需要利用基于确定有限自动机(Deterministic Finite Automation, DFA)的流密码机制进行加密置乱处理，下面对 DFA 的相关理论与 DFA 的流密码工作原理进行介绍。

确定有限自动机是具有离散输入集和输出集的一种数学模型[54−55]，与密码技术有着密切的联系。根据密钥的不同特点，密码体制分为对称和非对称两类，而流密码就属于对称密码体制中的一种。流密码体制的原型是“一次一密”，具有非周期性，理论上是绝对安全的，但是实际上不可实现。现有的流密码都是周期性的，即密钥 $k=k_1k_2\cdots$，是周期为 t 的符号串。

给定确定有限自动机 $M=\{Q,\Sigma_1,\Sigma_2,\varphi,\psi,q_0,Z\}$，其中的状态集合 $Q=\{q_i\,|\,i=0,1,2,\cdots,l\}$，假设 $\Sigma_1=\{\lambda_i\,|\,i=1,2,\cdots,m\}$是输入字符

集，$\Sigma_2=\{k_i|i=1,2,\cdots,n\}$是输出字符集，转移函数 φ 是由 $Q\times\Sigma_1$ 到 Q 的一个映射，输出函数 ψ 是由 $Q\times\Sigma_1$ 到 Σ_2 的一个映射，q_0 是一个初始状态，Z 表示终止状态集合。用 $L(M)$表示 $M=\{Q,\Sigma_1,\Sigma_2,\varphi,\psi,q_0,Z\}$可以识别的字符串的集合，则 M 可以按下述方式作为密钥生成器生成密钥流 $k=k_1k_2\cdots$。

在 Σ_1 中任意取出一个序列 $\lambda=\lambda_{i1}\lambda_{i2}\cdots\lambda_{it}\in L(M)$作为初始密钥 K，对任意 $j>0$，令 $u_j=\lambda_{ij}\ (\mathrm{mod}\ t)$，并令 $\varphi(q_0,u_1)=q_1{}'\in Q,\cdots,\varphi(q_{j-1}{}',u_j)=q_j{}'\in Q,j>1$，置 $k_1=\psi(q_0,u_1),k_2=\psi(q_1{}',u_2),\cdots,k_j=\psi(q_{j-1}{}',u_j),\cdots$，这样，初始密钥 K 通过映射 φ 和 ψ 就转换为 Σ_2 上的一个无限序列 $k_1k_2\cdots$，即由初始密钥 K 经过有限自动机 M 生成的密钥流。初始密钥 K 经过有限自动机生成密钥流 $k=k_1k_2k_3\cdots$，同时明文消息被分成连续分组 $p=p_1p_2p_3\cdots$。用密钥流 k 的第 i 个元素 k_i 对明文流的第 i 个元素 p_i 进行加密，即加密函数 $E=E_{ki}(p_i)$，$D=D_{ki}(c_i)$为相应的解密函数，满足 $D_{ki}(E_{ki}(p_i))=p_i$。DFA 流密码工作原理如图 6.5 所示。

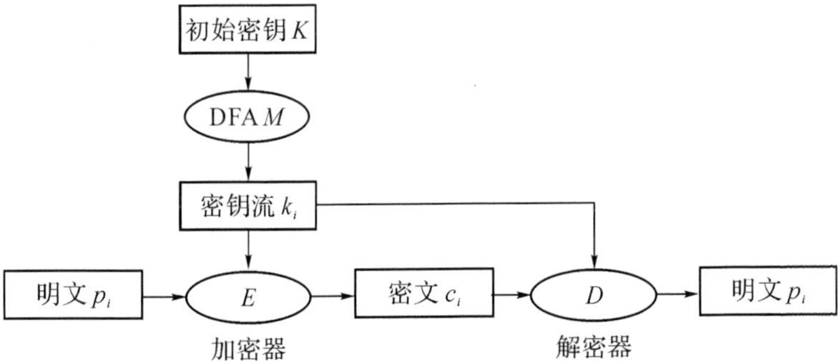

图 6.5　DFA 流密码工作原理

本章提出的芯核水印生成算法中，利用上文介绍的 DFA 密钥流生成器得到一组密钥序列对版权信息进行加密，得到版权信息的置乱密文。此处理主要是为了保证芯核水印的安全性，当然满足要求的加密方法还有很多(例如基于 DES 的算法)，但由于本章的重点是芯核水印算法，因而不对这些可能的加密算法进行探讨。

6.4.3 芯核水印预处理算法

传统的 FPGA 芯核水印算法中，水印的产生往往通过加密或其他置乱方法得到一组杂乱序列后，直接将其通过水印方法嵌入到原始设计中。为了降低芯核水印算法的虚警率，提高水印的可信度，待嵌水印的长度需要足以证明芯核版权的归属。这就导致一个矛盾的产生：水印嵌入容量越大，可信度就越强，但也使得水印的隐秘性降低，对水印的安全性造成威胁，同时也造成较大的额外开销。

根据 FPGA 设计的基本结构及设计流程，芯核设计的逻辑功能利用 FPGA 中的基本单元查找表进行实现。而在实现过程中，查找表的位置可以采用坐标形式来表示。基于此，我们这里提出一种水印预处理机制。该机制利用精简压缩模型将原始的水印信息进行压缩转换，得到两组数据信息：水印嵌入位置信息和实际嵌入比特值。这样，原始水印数据以水印标识和实际嵌入相组合的方式嵌入到芯核设计中。这里，预处理过程分为水印分组和线性转换过程。

(1) 水印分组

水印分组将 DFA 加密得到的密文序列分割成多个水印片段，这里的分组方法可以采用等容量分组或随机容量分组两种方法。所谓等容量分组，是将置乱得到的二进制序列分割成长度相同的水印片段，例如每组 8 位；而随机容量分组则是利用伪随机序列生成器得到一组伪随机序列，之后将置乱得到的二进制序列按照伪随机序列所表示的长度进行分组。本章算法考虑到实际水印的嵌入方法，采取 8 位等容量分组的方法对密文进行分组。

(2) 线性转换

线性转换的主要目的在于缩减芯核水印的实际嵌入量，将其转换成水印位置标识与待嵌比特值的组合。由于水印位置标识采用坐标形式，而待嵌水印比特以恒等逻辑 0 和恒等逻辑 1 的形式表示，那么在完成水印片段线性组合时，其转换的模型便为 $A \times B + C$ 的形式，其中 (A, B) 表示水印嵌入位置的坐标，而 C 则表示在 (A, B) 坐标位置处嵌入的相应比特信息。

采用这种预处理方法，仅仅需要 1/8 的实际嵌入水印就可以标识完整的版权信息，提高了水印容量，降低了水印嵌入对芯核设计的性能影响。

6.4.4　算法的实现过程

本章所提出的芯核水印生成算法描述如下：

步骤 1：对原始设计的版权信息如公司名称、签名、商标等进行编码处理，得到明文流 $P=\{p_i|i=0,1,2,\cdots\}$。

步骤 2：选定一个适当的初始密钥 K，利用确定有限自动机 DFA 密钥发生器产生密钥流 $k=k_1k_2\cdots k_i$；通过加密器 E 对明文流 P 进行加密处理，生成密文流 C。

步骤 3：利用等容量分组方法将密文流 C 分组为 $Grp=\{grp_i|i=0,1,2,\cdots\}$，其中 $|grp_i|$ 为 8 比特；为了提高水印信息的安全性，进一步将密文分组 grp_i 转换成对应的十进制数 $Dec=\{dec_i|i=0,1,2,\cdots\}$。

步骤 4：根据特定的规则对 Dec 集合中所有元素 dec_i 进行因式分解，得到分解形式 $X\times Y+B$，其中 X 和 Y 分别作为嵌入水印的未用查找表所在位置的横坐标与纵坐标，即 $Pos=\{(X_i,Y_j)|i,j=0,1,2,\cdots\}$，$B\in\{0,1\}$为嵌入相应坐标$(X,Y)$的水印信息 $Wm=\{wm_i|i=0,1,2,\cdots\}$。

版权信息是一组有特定意义的文字，而逻辑电路中只能识别逻辑信号 0 和 1，这就要求我们对版权信息进行预处理得到一组 0/1 编码。步骤 1 可以采用 ASCII 编码方式对版权信息进行编码，得到一组二进制明文序列。步骤 2 对明文进行置乱处理，得到密文序列。步骤 3 完成水印的分组及转换过程，为下述的线性转换提供基础。步骤 4 是对十进制的水印分组进行线性转换，这里采用数学中的线性组合方式。由于每个分组可能的线性组合方式比较多，这里我们制定了一些约束规则来确保得到的组合方式更加符合水印嵌入的实际需要：①线性组合中，X 和 Y 的差的绝对值应尽量小，使得水印信息分布于芯核设计中；②若无法直接进行线性组合（去除本身），可以将分组的值减去 1 后再完成组合操作；③每个分组转换后得到 X_j 或 Y_j 且不与 X_i 或 $Y_i(j>i)$ 相冲突，若发生冲突，则交换 X_j 和 Y_j。

假设原始设计的签名信息为“LONGJINGHNUST…”，经过上述步骤 1～2 后，得到的加密密文为“88123376BA90B1F3…”。根据步骤 3～4 对产生的密文进行转换操作，如表 6.1 所示，最终得到嵌入水印的位置以及嵌入相应位置的水印内容。

表 6.1　水印信息预处理

密文分组 HEX	密文分组 DEC	线性组合	水印位置(X,Y)	隐藏信息(Bit)
88	136	17×8+0	(17,8)	0
12	18	9×2+0	(9,2)	0
33	51	10×5+1	(10,5)	1
76	118	13×9+1	(13,9)	1
BA	186	31×6+0	(31,6)	0
90	144	12×12+0	(12,12)	0
B1	177	16×11+1	(16,11)	1
F3	243	27×9+0	(27,9)	0
…	…	…	…	…

6.4.5　芯核水印嵌入算法

芯核水印的嵌入采用分散隐藏策略，来提高芯核水印的安全性。本节首先介绍芯核水印的嵌入原理并提出恒等逻辑的思想，然后描述水印嵌入算法的基本流程。

(1) 芯核水印嵌入原理

由于 FPGA 器件逻辑门数量较大，因而多数 FPGA 芯核设计中包含大量的空闲资源，这就为 FPGA 芯核水印的嵌入提供了一种途径。本文提出的方法将利用 FPGA 的这种特殊结构，在设计中添加一些冗余的恒等逻辑来标识水印信息，而不影响设计的正常功能。本节首先提出几个关于恒等逻辑的定义，然后对芯核水印算法进行详细说明。

定义 1　设 M 为一个集合，f 为集合 M 上的函数。若对于 M 内的任意元素 x，有 $f(x)=x$，则函数 $f(x)$ 是恒等的。

定义 2　根据定义 1，在逻辑电路中，若任意信号 $S_i(i=0,1,2\cdots)$ 经过某一逻辑组合 $L(S_i)$ 之后产生的逻辑输出仍是 S_i，即 $L(S_i)=S_i$，那么称组合逻辑 $L(S_i)$ 为恒等逻辑。

定义 3　对于逻辑电路中的任意信号 $S_i(i=0,1,2\cdots)$，有 $S_i||0=S_i$，$S_i\&1=S_i$，此时 0 和 1 所表示的逻辑组合分别为恒等逻辑 0 和恒等逻辑 1。

根据定义 1～3，通过分析逻辑电路的特征，我们知道：当两个触发器始终为相反的状态时，那么经过与门操作之后的输出恒为 0。若将设计的某个功能逻辑信号与该恒等信号 0 进行或门操作，产生的输出信号不会发生改变。这样，不论功能信号为 0 或 1，其输出始终和功能信号保持一致，这就说明该冗余逻辑的添加不会对电路的正常功能有任何影响，如图 6.6 所示。

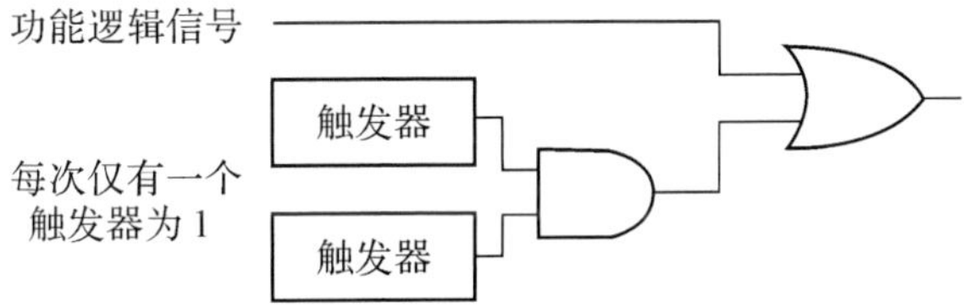

图 6.6　恒等逻辑思想

根据恒等逻辑思想，结合逻辑电路的具体特征，本文提出两种恒等逻辑标识——恒等逻辑 0 和恒等逻辑 1，如图 6.7 所示，其作为水印标识嵌入到 FPGA 设计的特定位置，生成具有特定意义的独特设计，以此来证明芯核电路产权的归属。

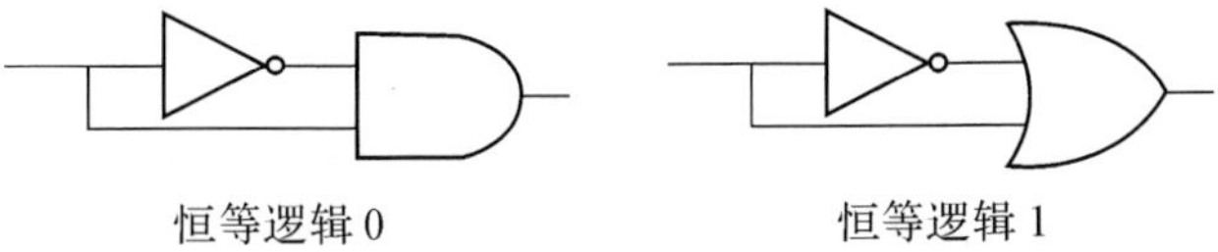

图 6.7　恒等逻辑标识

本章的方案中，水印信息是以恒等逻辑电路来标识的，在实际应用中需要将所有待嵌入的水印信息以恒等逻辑的方式实现在特定的位置。如图 6.8 所示，芯核电路设计中的某一功能逻辑 $f(x_1,\cdots,x_n)$为 FPGA 设计中具有特定功能的查找表单元，其中 I_1 和 I_2 为功能逻辑 $f(x_1,\cdots,x_n)$的输入，O 为逻辑输出。此时，若芯核水印算法在水印嵌入时将查找表单元 $f(x_1,\cdots,x_n)$选择作为水印位置，且嵌入到水印位置的对应水印信息为比特 0，那么依据本节恒等逻辑替换的方法，需要在该查找表单元位置之后添加冗余逻辑，即恒等逻辑 0。那么此时，我们选择功能逻辑 $f(x_1,\cdots,x_n)$的逻辑输入之一 I_1 作为恒等逻辑的输入，将恒等逻辑产生的信号 O_0 与功能逻辑输出 O 同时连接到或门，得到水印后的功能输出为 O'。通过分析，我们知道添加冗余逻辑之后的输出信号与原始的输出信号始终是一致的，因而对设计的正常功能不会产生任何影响。

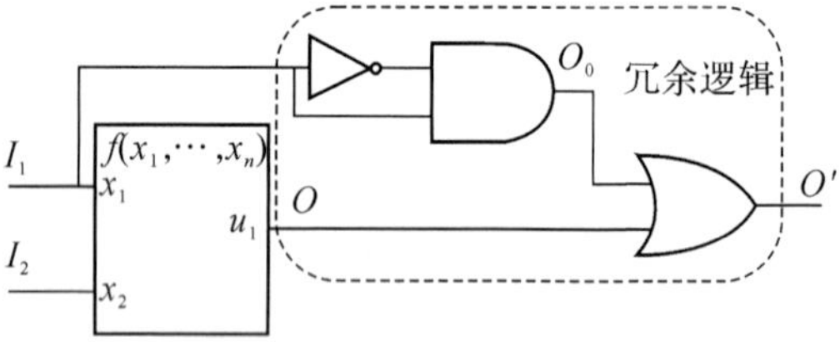

图 6.8　水印嵌入实例

(2) 芯核水印嵌入流程

基于 FPGA 的复杂硬件模块设计，从较高抽象层次到较低抽象层次包括算法级、行为级、结构级、物理级。不同的抽象层次对应不同的芯核类型，根据芯核的不同数据表示，芯核水印的嵌入方法也纷繁复杂，在安全性方面得不到很好的保证。本文算法采用分散隐藏策略，将置乱和预处理后得到的待嵌水印信息分散地嵌入到芯核设计中，以达到安全嵌入的目的。

根据 FPGA 的设计流程，首先需要进行设计输入，常采用硬件描述语言(VHDL 语言和 Verilog 语言)文本输入方式来描述芯核电路设计的基本功能。其次是综合过程，对于硬件描述语言输入方法，要采用综合工具将其转换成与硬件相关的代码，它将语言文字描述与硬件电路实现联系起来，最终生成映射到指定 FPGA 器件的网表文件。再者是完成实现过程，将综合产生的网表程序适配到目标 FPGA器件中，同时完成功能和时序仿真，生成设计版图文件。最后将生成的配置文件下载到 FPGA 器件中进行功能验证。

FPGA 的基本结构包括可配置逻辑块（Configurable Logic Block，CLB）、输入/输出块（Input/Output Block，IOB）和块 RAM（Block RAM）三部分，而电路功能的实现主要是通过对 CLB 模块中的查找表单元进行配置完成的。对于 Virtex Ⅱ Pro XC2VP4 FPGA 器件来说，其内部资源的基本结构如图 6.9 所示，一个 CLB 结构中包括四个 Slice 单元，而每个 Slice 单元里面都含有两个查找表结构，此外还包括一些基本逻辑门、复用器以及算术逻辑等。

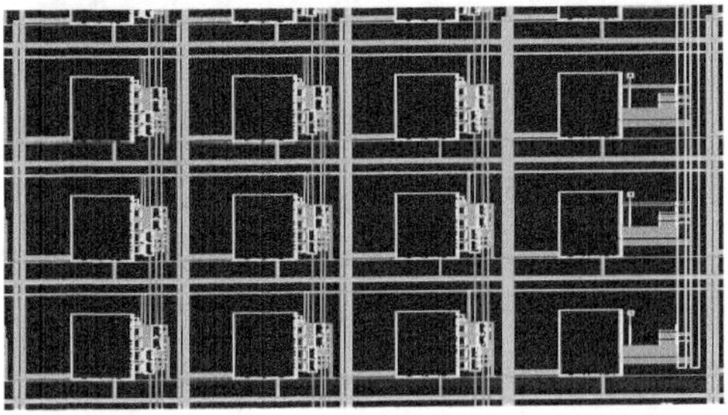

图 6.9　XC2VP4 FPGA 内部资源

本文的主要工作是在 FPGA 芯核设计的物理级完成芯核水印的嵌入工作。芯核水印的嵌入过程包括三个主要部分：前端设计、目标搜索、恒等逻辑配置。

（1）前端设计

本文的水印算法研究主要是在物理级上进行的，因而在进行水印嵌入之前必须得到相应的芯核布局版图，才能完成后续嵌入实现步骤。我们首先利用 ISE 设计工具建立电路的硬件描述语言，按照芯核设计的基本流程依次完成综合、功能时序仿真，实现后，最后得到 DES 芯核设计布局布线版图，同时在用户约束文件中编写相关的约束条件，根据用户的需要对设计进行特定约束。

（2）目标搜索

在 FPGA 器件中，实际逻辑功能的每个查找表单元都具有其特定的位置信息，FPGA 器件中所包含的查找表个数因器件不同而各异。通常 FPGA 器件中查找表的数目至少都数以千/万计，甚至更加庞大。这里，目标搜索的目的在于从复杂的芯核设计中，利用搜索穷举方法定位到对应的芯核水印嵌入点，而芯核水印位置的相关信息是在水印预处理过程中得到的坐标信息。在超大规模的芯核设计中选择少数单元作为水印嵌入位置，不容易被攻击者发现，因而具有较好的安全性。

（3）恒等逻辑配置

本文的芯核水印算法，其基本思想是将芯核所有者的版权信息经过加密、置乱、压缩一系列过程后，得到关于水印位置和水印比特值两部分信息的组合。其中水印位置作为标识信息，用于定位水印嵌入点；而水印比特值才是实际嵌入到芯核设计的部分，它们将以本文设计的恒等逻辑的形式融入到芯核设计中。这种方式与传统的直接嵌入方法相比，具有更好的安全性和更低的额外开销。此外，多数基于 FPGA 的芯核水印技术利用设计中大量未用的空闲单元来进行水印嵌入，同时引入一些无关连接达到隐藏水印嵌入位置。本文的方法虽然同属冗余添加机制，但是由于是将恒等逻辑融入到原始设计的连线中，因而具有更高的安全性。同时，这也加大了攻击者对芯核的攻击难度，很可能在实施攻击时破坏芯核设计的正常功能。

根据上述芯核水印关键步骤，基于分散隐藏策略的高容量 FPGA 芯核水印的嵌入算法的基本流程如图 6.10 所示，水印嵌入过程的详细步骤如下：

步骤 1：根据芯核设计的实现流程，利用底层硬件描述语言建立一个无水印的原始芯核设计。

步骤 2：利用集成开发环境 ISE 进行 FPGA 分配，结合第三方的综合与仿真工具对设计进行编译、综合、仿真，生成布局布线版图；同时在用户约束文件中编写相关的约束条件，根据实际需要对设计进行特定约束。

步骤 3：通过前节中得到的水印位置信息 $Pos=\{(X_i,Y_j)\mid i,j=0,1,2,\cdots\}$，对相应的查找表 LUT 进行搜索。

步骤 4：结合特定位置的待嵌入水印信息 $Wm=\{wm_i\mid i=0,1,2,\cdots\}$，利用逻辑函数配置方法在 LUT 中对恒定逻辑进行配置。

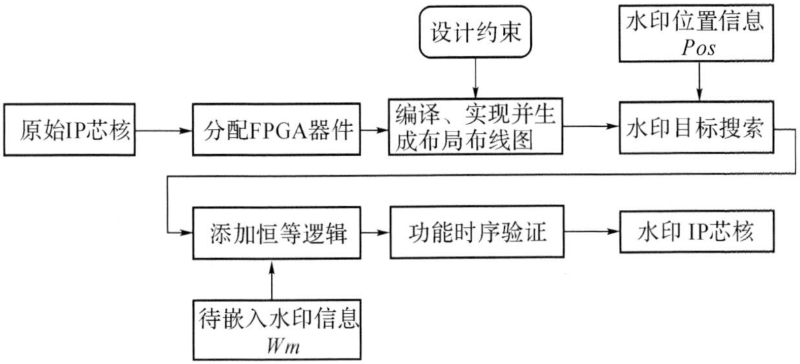

图 6.10　水印嵌入流程

6.4.6　芯核水印提取算法

目前，芯核复用技术在集成电路系统设计中的应用十分流行。当带有水印标识信息的芯核在复用过程中被非法用户以不正当手段得到并进行传播时，芯核版权所有者若怀疑其为自身的版权芯核，那么他可以向第三方中立机构申请对芯核的版权进行验证。若按照芯核所有者提供的验证方法，从被怀疑的芯核中成功提取出原始用户的版权信息，那就可以证明芯核被非法盗用。芯核所有者可以向法院提起诉讼，申请赔偿损失。根据本文设计的芯核水印方案，我们将分三个主要步骤对芯核水印的提取方法进行介绍。

(1) 水印定位

由于物理级的芯核设计以物理版图的形式交付，其灵活性受到了极大的限制，当然同时也给版权保护带来了较大的好处。芯核购买者通过合法手段得到芯核设计之后，只能将其用于某种特定的器件，且芯核设计的各项指标在开发过程中已经预先设定并验证成功。与此同时，标识芯核版权的水印信息也被植入芯核设计。根据本文描述的芯核水印方法，置乱与预处理后的水印信息以恒等逻辑的形式添加到原始芯核设计中，用于发生侵权时进行版权的证明。本文的芯核水印算法中，嵌入水印的同时，设计者保留着关键的密钥信息，即水印嵌入的位置信息，通过设计的水印提取器对该位置的内容进行搜索，找出该位置包含的恒等逻辑。

(2) 水印提取

通过对水印位置进行搜索，找到相应的恒等逻辑。由于恒等逻辑具有其特定的含义，可以将搜索得到的所有位置的恒等逻辑转换成逻辑 0 和逻辑 1 的比特流形式。这样，利用芯核所有者保留的位置信息和得到的比特流序列，第三方中立机构就具备了获取版权信息的基本条件。

(3) 版权验证

根据芯核水印的生成算法，版权信息通过置乱压缩的方式转换成水印位置信息和比特信息的线性组合。这里，我们可以依据水印生成算法的逆过程得到版权信息。若提取得到的版权信息与芯核版权所有者声明的版权相一致，则证明了该芯核属于盗用。芯核所有者可以申请诉讼，惩罚盗用行为并申请赔偿损失。

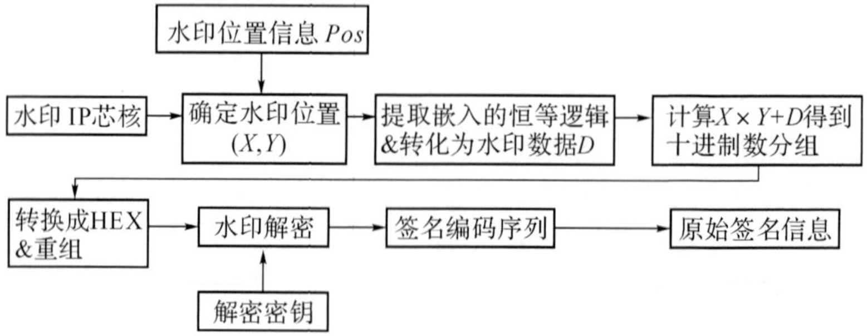

图 6.11 水印提取流程

芯核水印提取过程的实现流程如图 6.11 所示，算法具体描述如下：

步骤 1：利用所有者保留的水印位置信息 Pos 找出嵌入水印的 LUT。

步骤 2：找出相应位置 Pos 中包含的特定恒等逻辑，同时对相应逻辑所表示的特定含义进行记录。

步骤 3：根据水印转换的逆过程，首先将提取的逻辑表示成“0”或“1”，将水印位置的横坐标 X 和纵坐标 Y 相乘后加上逻辑表示的数据，得到的和即为分组后的二次密文所对应的十进制数。

步骤 4：将十进制数进一步转换成对应的十六进制数，并依次连接重组得到密文流 C。

步骤 5：根据确定有限自动机产生的密钥流 k，利用解密器 D 对密文流 C 进行解密之后得到签名的明文流 P。

步骤 6：解码提取的序列 P，得到原始签名信息；若提取的签名信息与原始签名相一致，那么芯核的所有权得到验证。

6.5　算法分析

基于分散策略的高容量芯核水印算法，是在现有 FPGA 芯核水印算法的基础上提出的。该算法弥补了现有算法存在的缺陷，在水印容量、透明性、安全性与性能开销方面能够满足水印算法的要求。

6.5.1　可信度分析

虚警率是指带有水印的芯核与其他无水印设计相巧合的概率，用 P_c 来表示。水印容量是决定 P_c 大小的重要因素，水印容量越大，P_c 值就越小，表明嵌入水印后的芯核设计作为版权认证时的可信度越高。算法能够提供足够的水印容量来证明版权所有，无论是在超大规模集成电路芯核中或者中小型芯核中，算法均能够以较少的嵌入容量标识更多的版权信息。

6.5.2 透明性分析

透明性即水印的嵌入不能影响芯核水印算法的功能。算法采用恒等逻辑配置的方式进行水印嵌入，其主要原理是恒等函数的思想。这种水印嵌入方式是以不改变电路功能为前提而设计的，因而算法具有较好的透明性。

6.5.3 性能开销分析

性能开销是指水印嵌入对芯核设计的性能影响，主要包括资源和路径延时两方面。在集成电路芯核水印算法中，资源和路径延时是衡量性能开销的两个重要指标。本算法设计的水印预处理过程将水印信息转换成水印位置和实际嵌入比特的线性组合。因此，在标识相同版权信息的情况下，实际嵌入的水印比特信息减少为原来的1/8。较小的水印嵌入量使得算法在资源和延时方面具有较小的影响。

6.6 实验结果

6.6.1 仿真测试结果

本节利用仿真工具 ModelSim SE6.2b 对 DES56 芯核进行仿真，来验证水印方法是否对设计的正常功能有影响。首先利用 VHDL 语言对 DES56 芯核的功能行为进行描述，在 ISE 环境下完成调试编译后，利用 ModelSim 仿真软件对设计进行仿真，最后完成综合、布局步骤，生成比特流文件下载至 FPGA 器件进行功能验证。在得到原始芯核设计的仿真波形之后，利用本文提出的方法对 DES56 测试芯核嵌入 128 比特水印信息，得到带水印的 DES56 测试芯核。按照同样的测试步骤，对水印芯核设计进行仿真测试，最终得到水印前后 DES56 测试芯核的仿真波形。图 6.12(a)为原始 DES56 测试芯核的仿真波形，图 6.12(b)为嵌入水印之后 DES56 测试芯核的仿真波形。

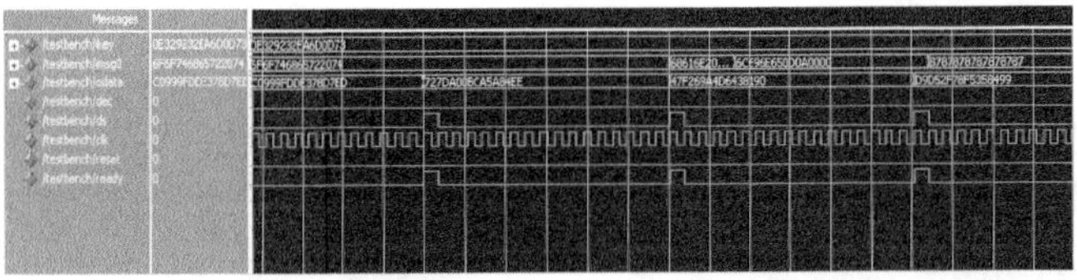

(a) 原始芯核仿真波形图

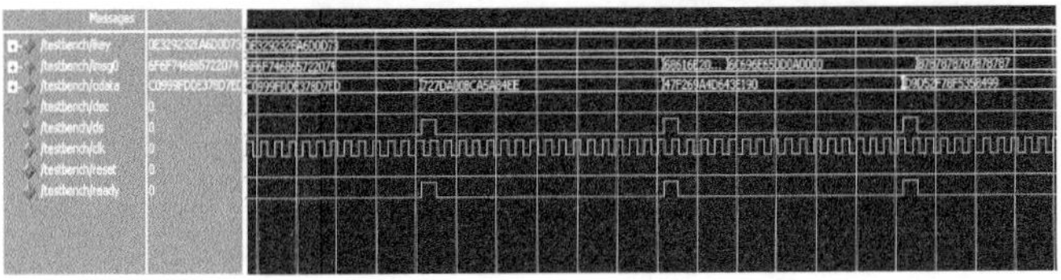

(b) 嵌入水印后芯核的仿真波形图

图 6.12　原始设计和水印设计的仿真结果

通过分析仿真结果可知,以 DES56 测试芯核进行仿真得到的结果是:水印前后芯核的功能行为是完全一致的。这就说明采用本文提出的芯核水印算法,嵌入的水印信息对芯核设计的功能行为没有任何影响,但是水印后的 DES56 芯核相比原始芯核来说具有较小的延迟。

6.6.2　物理布局结果

在仿真测试结果的基础上,本节将进一步完成物理布局的测试结果。利用 Xilinx ISE 9.1i、MedelSim SE6.2b 以及 Synplify Pro 9.6.2 分别对设计进行编译、仿真、综合等一系列处理后,最终映射到 Virtex Ⅱ Pro XC2VP4 FPGA 平台,得到原始芯核设计物理布局版图。采用本文的芯核水印算法对测试芯核嵌入 128 比特水印信息,得到带有水印的芯核后,最终得到水印芯核的物理布局版图。图 6.13 为水印前后的布局布线图,其中,图 6.13(a)表示原始 DES56 芯核的物理布局布线版图,图 6.13(b)表示水印后芯核的物理布局布线版图。从物理布局图可以看出,嵌入 128 比特水印信息后并没有导致明显的面积增加。算法中 128 比特的水印信息是由水印位置信息和恒等逻辑配置共同表示的,因而可能导致面积资源增加的只有 1/8

的实际嵌入信息(即16比特)。

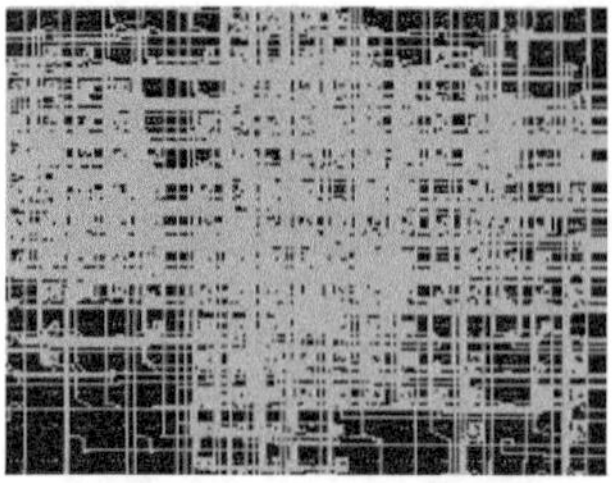

(a) 原始芯核设计布局布线图

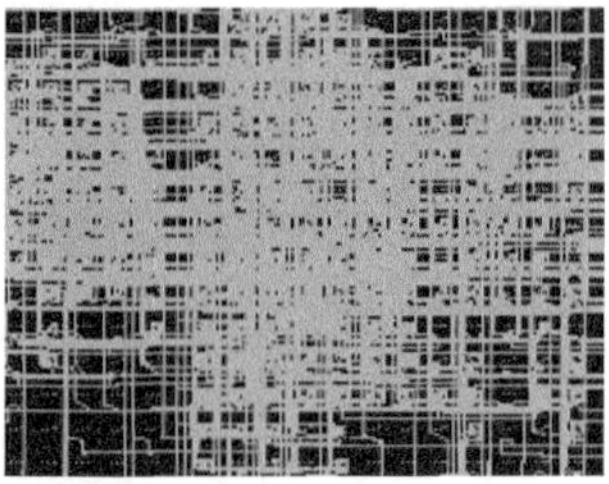

(b) 含128比特水印的布局布线图

图6.13 嵌入水印前后的布局布线图

6.7 性能分析与比较

在实验中,本文选用Virtex Ⅱ Pro XC2VP4 FPGA实验平台以及加密芯核测试电路,对提出的芯核水印算法进行性能验证,主要包括对芯核水印算法的芯核水印算法产生的资源和延时开销的评估。

6.7.1 水印容量

水印容量是评估芯核水印可信度的一个指标。现有的多数FPGA芯核水印方法都存在水印容量有限的问题。本文采用一种芯核水印压缩预处理算法,对实际嵌入的水印容量进行压缩。通过这种方式,若要标识相同的版权信息,本文嵌入的水印数量更小;在产生相同性能开销的情况下,本文的算法能够标识更多的版权信息,提供更加有力的证明。

本文的水印容量指标可以通过水印压缩比进行衡量。水印压缩比越大,在相同性能影响的情况下嵌入的水印容量就越大,水印的可信度也越大。通过分析和计算本文算法及文献[40]中算法的实际水印嵌入量,我们可以对本文的芯核水印容量进行评估。图6.14中,文献[40]的算法其实际嵌入量与版权信息数量相同,即水印压缩比为1;而本文的算法其实际嵌入量与版权信息数量的比值为1/8,即水印的压缩比为 8。压缩比越大，水印容量就越大。因而，本文提出的算法在水印容量方面具有较好的优势。

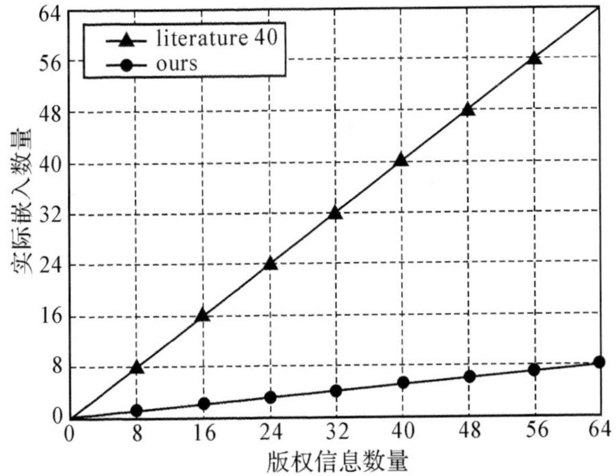

图 6.14　水印容量评估结果

6.7.2　额外开销

芯核水印电路的额外开销主要是指水印嵌入后电路增加的开销，主要包括资源开销与延时开销等。本文以五个加密芯核测试电路为例，利用 Xilinx Virtex Ⅱ Pro XC2VP4 器件对芯核水印电路的额外性能开销进行了评估与比较，如表 6.2 所示。其中 Cells 表示原始芯核设计所占用的 Slice 数目，Timing 表示关键路径的延时，$\Delta S(\%)$和 $\Delta T(\%)$分别表示水印嵌入后资源以及延时的变化率。

表 6.2　水印前后芯核设计资源和延时开销的性能评估

芯核电路	原始设计		嵌入 32 位水印		嵌入 128 位水印		嵌入 256 位水印		嵌入 512 位水印	
	Cells (Slices)	Timing (ns)	$\Delta S(\%)$	$\Delta T(\%)$	$\Delta S(\%)$	$\Delta T(\%)$	$\Delta S(\%)$	$\Delta T(\%)$	$\Delta S(\%)$	$\Delta T(\%)$
DES56	317	4.679	0.832	0.146	2.239	0.193	3.941	−0.094	9.095	0.182
RSA	490	9.130	0.255	0.092	1.472	0.137	2.332	0.203	4.561	0.236

续表 6.2

芯核电路	原始设计		嵌入 32 位水印		嵌入 128 位水印		嵌入 256 位水印		嵌入 512 位水印	
	Cells (Slices)	Timing (ns)	ΔS(%)	ΔT(%)	ΔS(%)	ΔT(%)	ΔS(%)	ΔT(%)	ΔS(%)	ΔT(%)
AES	646	4.532	0.201	0.038	1.008	0.086	2.217	0.154	3.873	−0.074
MD5	1 171	18.018	0.153	−0.017	0.710	0.073	1.256	0.139	3.416	0.148
SHA	1 695	12.765	0.127	0.029	0.823	0.151	1.542	0.205	2.655	0.133

由表 6.2 可知，文中选取的测试芯核电路所占用的资源数目具有一定的差异。这些芯核测试电路中，占用最少 Slice 资源数目的是 DES56 芯核，占用最多资源的为 SHA 芯核。通过对不同大小的芯核进行测试，可以更好地衡量算法的性能。表 6.2 主要反映了带不同容量水印的芯核在资源和延时方面的开销情况。随着水印嵌入量的不断增加，芯核设计占用的资源数也不断增加，但幅度较小。这是由于本文的芯核水印方法是通过完成恒等逻辑的添加配置进行的，因而可能导致水印电路在面积和资源开销方面略有增加，但是恒等逻辑电路的设计仅仅采用少量的基本逻辑门且水印嵌入点较少，因而产生的电路资源占用方面的额外开销很小。水印后算法的延时开销包括两个方面：第一，水印是以恒等逻辑的方式嵌入到设计中，这种方式会造成当前路径的延时；第二，水印嵌入可能引起整个布局线路发生改变，从而相应的一些路径的延时可能发生改变，这种改变包括某些路径的延时正增长或者负增长。

根据表 6.2 中的测试结果，本文选择与其他两种此类芯核水印方法进行比较，以更好地评估本文的算法。这里，我们选择资源占用较多的 MD5 芯核作为测试电路，将本文方法与文献[33,40]中方法作对比，比较结果如图 6.15 所示。从图 6.15(a)中可看出，与文献[33,40]相比，本文的方法在资源占用方面具有一定的优势。产生这种结果的主要原因是本文的算法对水印信息进行了压缩预处理，表示相同容量版权信息需要嵌入的实际水印信息量减少。在芯核水印的延时方面，水印嵌入可能导致延时正增长或负增长。从整体趋势上看，本文算法延时变化相对比较小，如图 6.15(b)所示。因而，本文的芯核水印算法在延时和资源占用方面具有一定的优势。

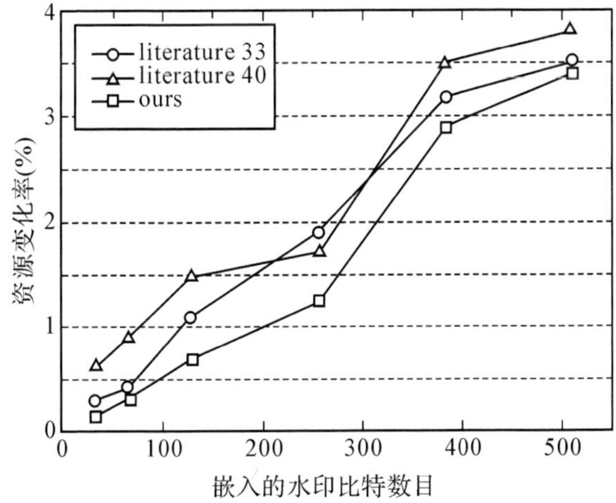

(a) 资源变化率

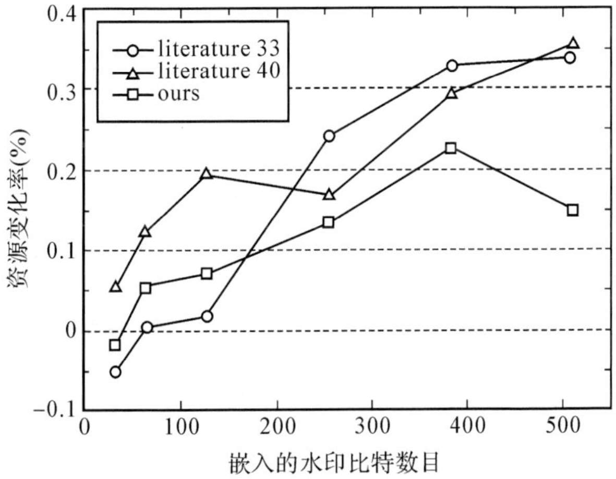

(b) 延时变化率

图 6.15　水印后的资源和延时变化比较

6.7.3 安全性分析

安全性是指水印能够抵抗有意篡改和恶意攻击的能力。常规的攻击方法主要包括去除攻击、强力攻击、伪造攻击、被动攻击等。去除攻击是利用某些特殊手段直接去除水印的一种攻击方法。强力攻击是对嵌入的秘密信息进行强力搜索。伪造攻击即在芯核中嵌入本不该含有的非法水印信息。被动攻击是指攻击者能够检测出水印，并辨认出每一点印记，但却不能破译这些印记的含义。本文分析了本文的算法在不同攻击形式下的安全性，并且对其安全性作用进行了说明，结果如表 6.3 所示。

由表可知，本文采用恒等逻辑配置的水印实现方法以及分散隐藏策略，能够对强力攻击和被动攻击具有较好的抵抗能力。在水印方案保密的情况下，算法对去除攻击也具有一定的抵抗能力。但是，由于没有实施其他的保护方案，算法对于伪造攻击缺乏较好的抵抗能力。对于现有的大多数 FPGA 芯核水印算法而言，抗伪造攻击的能力都相对较差。

表 6.3 本文算法在常见攻击方法下的安全性分析

攻击方法	安全作用	说明
去除攻击	中	在攻击者不知情时，难以实现攻击；若水印实现方法被泄露，则容易实现去除攻击
强力攻击	强	水印信息以分散的方式隐藏到设计中，并且以标识存在，攻击者难以搜索
伪造攻击	弱	攻击者可以轻易添加非法的水印信息，现有水印方法基本都难以抵抗
被动攻击	强	恒等逻辑是本文定义的，因而攻击者难以破译出其含义

6.8 本章小结

本章主要提出了一种基于分散隐藏策略的高容量 FPGA 芯核水

印方案，该方案主要包括以下两个方面的内容：①提出了一种基于精简压缩模型的水印预处理机制。通过对待嵌水印信息进行预处理，以较少的实际嵌入量来标识较大的签名信息，而不会给原始设计带来较大的额外硬件开销。②提出了一种安全的水印分散隐藏策略。将恒等逻辑配置与原始设计融合，使水印信息以随机的状态分布于整个芯核设计中，这样非法用户便难以发现水印嵌入点。因而，对于超大集成规模电路来说，攻击者要想移除水印所需的开销如同重新设计芯核。

第三篇　IP 水印检测与认证方案

数字集成电路芯核水印算法通常会在版权信息嵌入过程中使用大量的信息隐藏和安全加密方面的技术，因此，其往往会带来较大的算法资源开销和较低的检测灵活性。目前随着集成电路元器件规模数量的剧增，适合于大规模集成电路环境下的水印检测和认证技术的研究还相对较少，因此本篇将从 IP 水印检测和认证两个方面来介绍 IP 电路知识产权保护的检测和认证等工作。本章包含两章内容，其中第 7 章内容为基于零知识证明思想的芯核水印盲检测算法的相关研究；第 8 章内容为版权信息在受到攻击损坏后，其信息如何进行有效恢复和取证的相关研究。各章节主要内容概括如下：

第 7 章提出了一种基于零知识证明思想的芯核水印盲取证方案。该方案首先引入了密码学中的零知识证明理论，在此基础上提出了一种零知识证明的安全检测协议，该协议无需进行复杂而又耗时的位置变换操作，可根据相关询问操作的数学模型运算来得出应答结果，从而快速完成交互式零知识证明过程；其次，为了防止非法用户对水印信息进行非法的逆向推导攻击，综合考虑水印对电路的开销和零知识证明协议的安全性能，方案在对水印信息嵌入前将进行哈希运算处理，并最终得到 128bit 的哈希值，哈希函数的设计不仅可以对水印信息的容量起到较好的压缩作用，而且还为零知识证明协议提供了足够大的安全阈值空间；最后，通过与 D. Saha 等人的实验结果进行比较及分析，本章中提出的算法在资源开销方面取得了较好的优势。

第 8 章首先针对现有的 FPGA 芯核水印技术不具备对受损版权信息自恢复取证的问题，在不影响电路性能的条件下，利用 FPGA 芯核电路特殊的内部结构，设计了一种基于隐秘内容自恢复的双重芯核水印认证方案，该方案主要通过对设计附加约束条件将版权归属信息融入原始设计当中，集中隐藏到芯核电路的各个独特的子模块中。当拥有知识产权保护的芯核受到盗用时，我们可以利用相应的技术手段将隐藏的版权信息从争议芯核中提取出来，从而解决版权归属的问题。然后，针对现有芯核水印技术在水印受到攻击损坏后认证困难的问题，本章的方案将从水印可能遭到非法去除攻击受损的角度出发，在芯核中嵌入双重芯核水印，提高信息容量，并利用自恢复机制在重构信息方面的原理，在双重水印之间构造特殊表达式，建立互映射函数，并将互映射因子通过压缩机制加入到芯核水印当中。最后，通过实验测试与结果表明：该方案可在水印受到一定程度的去除攻击后仍能有效地自恢复出原始水印信息，对去除攻击具有较强的抵抗能力。并且，通过与其他芯核算法的比较，该方法在水印容量、水印隐蔽性和资源占有率方面更具有优势。

7　基于零知识证明协议的芯核水印盲检测方案

目前国内外半导体企业与研究机构在解决芯核电路知识产权纠纷的问题上，提出了许多有效的芯核电路知识产权保护方法。这些方法主要是将水印的特征信息嵌入到芯核电路中，通过提取嵌入的具体水印标志信息来证明芯核电路的产权归属问题，但是这将容易让非法分子利用逆向攻击等手段来干扰版权拥有者的取证，使得版权拥有者无法保护自己的合法权益。为了能够解决上述问题，本章设计了一种基于零知识证明协议的芯核水印盲取证方案，该方案能够实现芯核版权保护过程中的信息盲取证，同时该方案在资源开销方面也取得了较好的优势。

7.1　引言

为了能够成功地检测到 IP 非法侵权的证据，仅仅关注芯核水印的鲁棒性和验证有效性是远远不够的[119−123]。现有的 FPGA 水印检测方案通常由第三方机构来验证水印，尽管这种验证方法可行，但是在实际的验证过程中要保证验证机构中所有成员都可信是很难的。因此，由第三方验证机构公布的验证结果并不能让 IP 购买者信服。如果验证者通过公开水印信息，就能够不需要指定第三方进行验证，那么验证者就可以向使用者验证自己的结果是可信的[124−128]。然而在公开水印信息验证的时候，证明者需要向验证者提供敏感信息，如水印内容和水印嵌入的位置等，一旦这些敏感信息泄露，非法攻击者就会很容易将水印从 IP 中移除，然后重新出售。这对于芯核水印技术的安全应用将是一个很严重的挑战。

世界电子知识产权保护联盟 VSI 推出了公开密码保护标准后，

Qu G. 等人[97]相继提出了一种新的公开可验证的芯核水印方法，其基本思想是建立一个加密的伪随机水印，并将特定的约束嵌入到原始的设计中并予以公开，这样能够满足公众应用系统的安全需要，但是该方法通过图着色以及布尔可满足性证明等方法容易对它进行检测。随后，人们开始将零知识水印的思想应用于公开的水印方案中[129—130]，Goldwasser 等人首次提出了一种零知识证明（Zero-Knowledge Proof，ZKP）的概念[131,132]，至今这项技术已经被成功运用到一些安全认证和鉴别协议中。ZKP 是一个包括证明者和验证者的交互式证明系统。其基本原理为：证明者通过几次交互式轮回向验证者证明自己知晓某个秘密。但在这个过程中，证明者不需要泄漏任何敏感信息给验证者以及其他当事人。每一轮包含验证者提出的一个质疑（即问题），证明者必须给出相应的回答（即答案）。如果此秘密和用户身份有关，则 ZKP 能够被用来鉴别用户身份，这种情形被称为基于身份的零知识证明（ZKPI）。

在这种技术的基础上，D. Saha 等人[118]在 2010 年首次提出了基于零知识协议的公钥鲁棒水印验证方案。该方案可以在不泄露任何除公开信息外的其他信息的情况下，使证明者可以表明他对芯核的所有权。在此基础上，D. Saha 等人[132]相继又在 2012 年提出了关于芯核交易过程中双方权限管理的零知识公钥验证协议，该协议为 IP 复用交易双方互相认证提供了一个完整的框架，并且用具体的方法实现了该协议，在其实现过程中，双方在芯核交易过程中分别扮演着两个不同角色，即证明者和验证者。在芯核不同阶段的设计过程中，该协议都能在不泄露除公开信息外其他信息的情况下解决买卖双方间的所有权认证问题。该协议在实现过程中采用了“复合映射”的机制和“R—轮询问”机制，这两者结合起来增加了系统的时间开销。尽管这种方法使得认证双方的密钥信息达到了较好的安全性，但是，该方法主要是依赖于可信任的其他用户，并把其作为可信第三方（例如 CA），所以该方法不能直接用于芯核盲水印设计过程中。

在本章中，我们将重点介绍一种基于交互式零知识协议的IP水印盲检测方案，该方案首先用了基于离散对数的公钥加密算法对原始水印信息加密，然后采用整体和分块置乱的思想分别对配置文件（比特流文件）中的水印信息进行置乱处理，这使得水印既提高了安全性能，又使得算法的时间复杂度得到了进一步的降低。经过实验证明，本章的方案可以有效地进行水印公开，该方案同样也具有较好的实时性、安全性以及鲁棒性。

7.2 零知识交互证明ZKP协议

7.2.1 初始化阶段

在水印零知识认证的初始化阶段，首先选择一个大素数 $n(n>2^{1024})$，α 是 n 的生产元，且满足 $gcd(\alpha,n)=1$，然后选择大素数 p,q，并且令 $Q=pq$，接着选取一个随机数 e，$1<e<\varphi(q)$，且使得 $gcd(e,\varphi(q))=1$ 成立，通过 $d=e^{-1}\bmod(\varphi(q))$，便可计算出私钥 d 的值。然后确定待嵌入水印的位置信息，将位置信息数字化处理后得到位置信息 m'，计算公钥 M，$M=m'^{e}\bmod(\varphi(n))$。$m$ 是最终需要嵌入的水印信息，它包含了IP设计者的信息，也包含了IP购买者的信息（水印提取是可用于鉴定购买者是否非法将未经授权的芯核重售给其他用户使用），t 为公钥信息，通过式子 $t=\alpha^{m}\bmod n$ 我们可计算出 t。最后选择零知识认证协议的公钥为 (α,t,n,M,e,q)，私钥为 d。至此，零知识认证协议的预处理阶段完成。

7.2.2 鉴别阶段

假设在芯核生产之后，发生了产权纠纷，即有人未经购买就使用了芯核开发者的芯核产品。因此，芯核设计者需要与非法使用者之间进行版权认证。假定Bob为芯核版权拥有者和证明者，Alice为芯核合法使用者和验证者，Alice 和 Bob 的相互认证步骤如下所示：①申请认证。首先 Bob 向 Alice 申请版权认证，并选取随机数 r，$2<r<\varphi(n)$，计算$x=\alpha^r \bmod n$，将 x 作为认证申请信息送给 Alice。②鉴别询问。Alice 选取随机数 k，$2<k<\varphi(n)$，将质询信息 k 发送给 Bob。③鉴别应答。Bob 首先用私钥计算 $m'=M^d \bmod Q$，得到位置信息，然后通过 Location 提取得到水印信息 m，通过计算 $y=km+r \bmod \varphi(n)$，$\varphi(n)$是 n 的欧拉函数，将应答信息 y 发送给 Alice。④鉴别验证。Alice 验证 $x=t^{-k}\alpha^y \bmod n$ 是否成立。如果成立，则通过 Bob 的认证请求；否则，认证请求失败。

7.2.3 完备性、公正性和零知识性证明

零知识证明协议通常必须具备完备性、公正性和零知识性。下面，我们将对零知识协议的完备性、公正性以及零知识性进行证明，以此说明协议具有有效性和可靠性。

(1) 完备性

零知识证明中的数据完备性是协议完成的重要保障，如果 Prover 和 Verifier 按协议完成了全部步骤，那么 Verifier 总是能接受 Prover 的身份证明。

证明：因为 $y=km+r \bmod \varphi(n)$，$t=\alpha^r \bmod n$，则 $t^{-k}\alpha^y=\alpha^{-km}\alpha^{km+r \bmod \varphi(n)} \bmod n=\alpha^r$，即完备性得证。

(2) 公正性

Prover 在不知道 m 的情况下，并不能在多项式时间内解决离散对数 $m=\mathrm{ind}_{\alpha,n}(t)$问题，也就是能够通过已知的 α，t 求得 m，则其能够求出 m 的概率是 $n^{-1/2}$。此时如果 Prover 和 Verifier 按协议完成了全部步骤，则接受 Verifier 能够通过 Prover 的认证。

证明：假设 Prover 能在较高概率情况下欺骗 Verifier。由于 Prover 不知道 m，且不能在多项式时间内有效地通过 α，t 来计算得到 m，所以他无法在第③步中利用 m 来计算出 y；而在已知条件下要

想计算出 y 就必须要知道 m，通过解 $m=\mathrm{ind}_{\alpha,n}(t)$ 来求得，即在 n 足够大的情况下解决离散对数问题，而在多项式时间内求解离散对数的概率很低，即使能够求出来，其花费的时间也不能够被接受，这与假设中能够在较高概率情况下欺骗 Verfier 矛盾。若 Prover 要对 k 的信息进行预测，那么便可计算 $y=t^k\alpha^r \bmod \varphi(n)$，Prover 能够正确得出 k 的可能性是 $1/\varphi(n)$，这在多项式时间内同样不可行。通过上面的分析，我们可以充分证明该协议是公正的。

(3) 零知识性

如果 Prover 和 Verifier 按上节中的协议进行了 $i=\left|\frac{1}{\log_2\varphi(n)}\log_2 n\right|+1$ 次，在循环了 i 次后的整个协议是零知识证明的。

证明：在每一轮交互式证明过程中，若 Prover 对 k 具有可预测性，那么他可以通过计算 $y=t^{-k}\alpha^r \bmod \varphi(n)$ 作为应答发送给 Verifier，则 Verifier 将接受 Prover 的证明。但预测 k 的概率为 $1/\varphi(n)$。因此，在循环 i 次后，Verifier 将接受 Prover 欺骗的概率为 $\frac{1}{\varphi(n)^i}$。若 Prover 想通过计算离散对数问题来求解 m，其成功的概率为 $n^{-1/2}$。综上分析，我们可知整个协议的零知识证明是有效的。

本章提出了一种新型零知识证明交互认证协议，如图 7.1 所示，该协议的应答分为 P1 和 P2 两个部分，验证通过的前提是证明者在每一轮验证过程中都要正确应答验证者的询问(P1 或者 P2)。如此往复进行 R 轮，证明者都能正确应答验证者的询问，此时验证者可以认为证明者所声称的内容是正确的。若 $S_r=1$ 表示第 r 轮时验证通过，$S_r=0$ 表示第 r 轮验证失败。验证通过的条件是 $\prod_{r=1}^{R}S_r=1$，如果 $\prod_{r=1}^{R}S_r=0$ 则验证不通过，那么证明者欺骗验证者的可能性将会变大。一次零知识交互过程主要有四个步骤，分别是申请、询问、应答和验证。

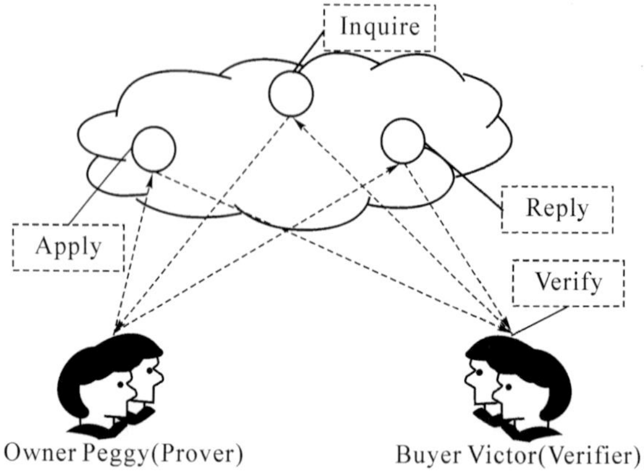

图 7.1　零知识证明协议交互示意图

7.3　零知识芯核水印算法

芯核水印技术来源于多媒体数字水印的思想，由于水印载体的不同，因而算法的设计存在较大的差异。芯核水印算法中，所有者的签名信息通过水印生成器得到一串“0”和“1”的数字信号，将这些数字信号以不影响设计功能的方式添加到芯核设计之中，从而产生含水印的芯核设计。芯核水印算法的设计包括三个关键步骤，即水印生成器、水印嵌入器及水印提取器的设计。如下图 7.2 所示，通过上节零知识协议设计的基础，用户的签名信息首先由零知识证明协议与水印生成器共同组成；然后，将含有零知识水印的签名信息经过水印嵌入器嵌入到芯核的比特文件中，得到含有水印的比特流文件；而提取过程则是在零知识协议检测方法的基础上，由水印提取器将水印信息从含有水印的比特文件中提取出来，最终实现其水印的验证。

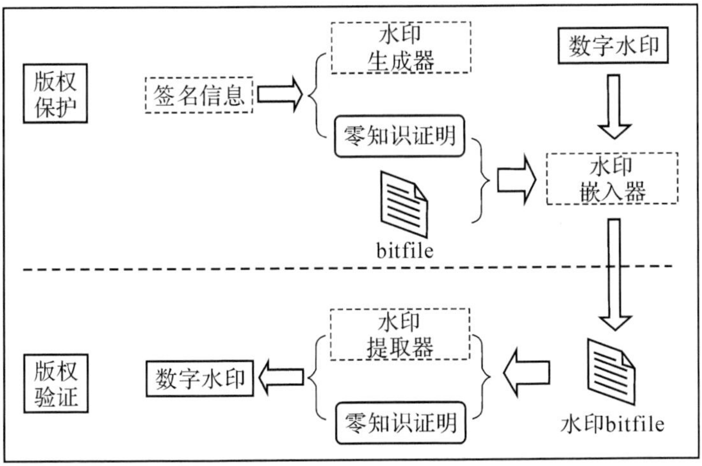

图 7.2　零知识证明协议芯核水印结构框图

7.3.1　零知识水印生成

芯核所有者的标识信息往往是以商标、签名等形式存在，若以其作为标识嵌入到芯核设计中，则必须将其转换成数字信号。如图7.3所示，如果所有者的签名信息为Sig，首先通过加密算法进行加密处理，得到密文Csig，密钥为Key。利用置乱算法对Csig进行置乱（密钥为Skey）后，进行水印切片处理，最终得到一组待嵌入的水印片段Wsig，水印片段数为L。至此，签名信息就转换成了数字水印的形式，接下来的工作就是要将这一组水印片段在不影响正常功能的情况下嵌入到芯核设计中。

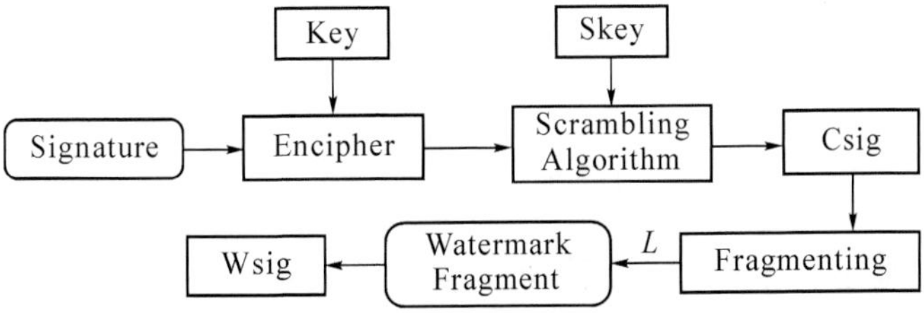

图 7.3　水印生成流程图

7.3.2 零知识水印嵌入

m 是待嵌入的水印明文信息,选择大素数 $n(n>2^{1024})$,α 是 n 的生产元,且满足 $gcd(\alpha,n)=1$,然后选择大素数 p,q,并且令 $Q=pq$,接着选取一个随机数 $e(1<e<\varphi(Q))$,用私钥 e 对明文 m 进行加密得到 $I(I=m^e \bmod Q)$,I 是加密后的水印密文,计算 $t=\alpha^I \bmod n$,其中 K 为公钥信息对,由 (t,n,α) 组成。然后利用私钥 K_c 作为单向散列函数 F 的输入,得出水印嵌入的 Location,生成原始的水印位置信息 L。利用水印嵌入算法将水印密文 I 嵌入到 bitfile 中。水印嵌入结构图如图 7.4 所示。

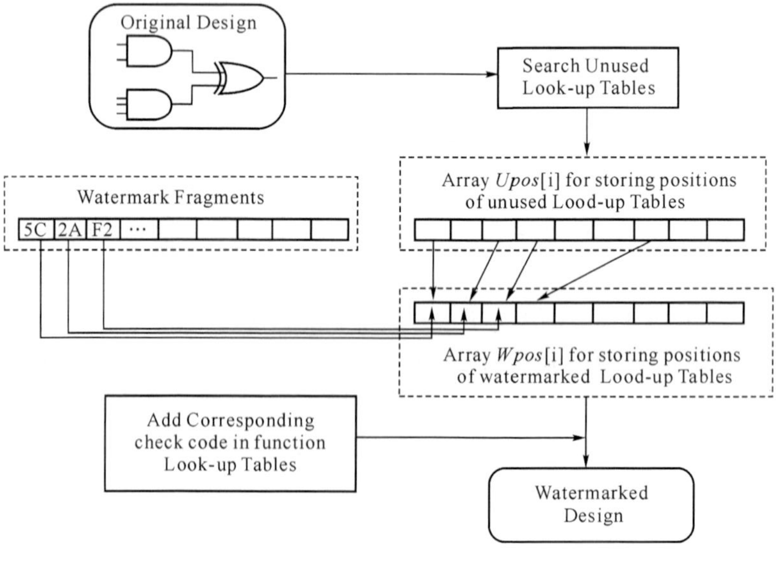

图 7.4 水印嵌入结构示意图

7.3.3 零知识水印提取

在水印信息嵌入完成后,得到了一份带有水印的芯核设计。水印提取通常是在芯核所有者与非法用户发生版权纠纷时用到,若非法用户得到了带有水印的芯核设计，在未经版权所有者允许的情况下用于自己的电路系统中，芯核所有者便可以申请进行版权验证。水印提取的过程具体如下：

步骤 1：芯核所有者利用其私钥 d 对公钥 M 进行解密得到数字化处理后的位置信息 m'，将数字化处理后的 Location 再信息转换为水印位置的信息 Wpos；

步骤 2：通过水印提取算法，得到“0”“1”数字串水印信息，去掉校验位得到数字化水印信息 m；

若从非法用户的电路系统中提取到的水印信息，能够通过以上所述的零知识证明协议的整个验证过程，则说明芯核设计被非法盗用，从而保护了芯核设计者的知识产权，如图 7.5 所示。

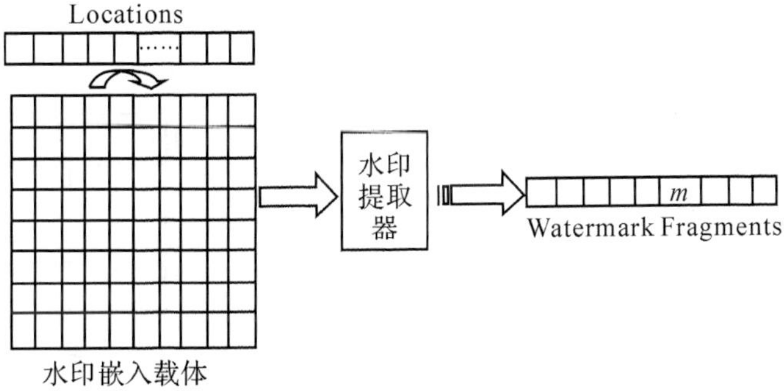

图 7.5　水印提取结构示意图

7.4　基于零知识证明协议的芯核水印盲检测算法

7.4.1　整体置乱

在水印验证开始之前，水印信息的整体置乱操作是整个验证过程中必不可少的一个步骤。在零知识协议验证过程中，我们需要验证者从D''中提取出被加密后的水印信息 I，毫无疑问需要告诉验证者水印的位置信息L''。如果验证者能由L''推导出L，等价于告诉了验证者水印的实际位置，有违零知识验证的要求。所以，在验证开始之前，有必要对D进行一次整体置乱，将$L \to L'$，掩盖水印的实际位置，并且由$L' \to L$将是NP问题。整体置乱算法有多种实现方式，下面将介绍基于Hilbert曲线的整体置乱算法。

考虑到FPGA与bitfile的特殊结构，我们引入了两个概念："网"和"格"。如图7.6(a)所示，我们将FPGA中CLB的布局抽象成二维网格，每个网格代表一个CLB并且用唯一的坐标进行标示。每个网格内部仍然使用网格来区别CLB中的每一个Slice，通常情况下，每个CLB内部包含4个Slice。我们将二阶Hilbert曲线映射到网格的模型。

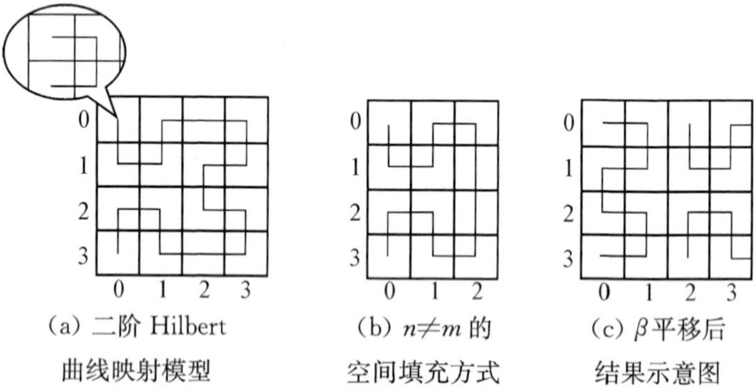

图7.6 Hilbert曲线进行置乱示意图

如果只是简单利用Hilbert曲线进行置乱，那么验证者很容易被非法用户进行逆向分析攻击。为此，我们引入了一个可变因子β，在β因子的作用下，经过一系列平移后，可以得到唯一的置乱序列。其中β含有两个参数Δx和Δy，分别表示水平位移分量和垂直位移分量。假设n阶Hilbert曲线路径以数组形式表示，$L[i]=(x_i, y_i)$，$i=0,1,2,\cdots,4^n-1$，$x_i, y_i \in \{0,1,2,\cdots,2^n-1\}$，若将此路径做$\beta(\Delta x, \Delta y)$平移，则平移后的路径可以表示为$L'[i]=((x_i+\Delta x) \bmod 2^n,$

$(y_i+\Delta y) \bmod 2^n$)。例如，二阶 Hilbert 曲线做 $\beta(\Delta x=2, \Delta y=0)$ 平移后的结果如图 7.6(b)所示。整体置乱算法步骤如下：

输入：D, L

输出：D', L'

步骤：

(1) 将 D 中的网格依次编号作为二维数组 Array[n][m]行标与列标。

(2) 将 D 中网格内容依次存入 Array[n][m]。

(3) 使用 Hilbert 曲线进行空间填充，对于 $n \neq m$ 的情况按照如图 7.6(c)所示处理。

(4) 由零知识验证工具随机产生一个平移因子 β，对验证者和证明者都保密，进行如下映射 $L \xrightarrow{\beta} L'$。

(5) 将 D' 和 L' 返回给证明者，将 D' 返回给验证者。

7.4.2　分块置乱

针对 D' 上的敏感信息块进行进一步置乱处理，本文设计了分块置乱算法，该算法可得到的映射关系为：$D' \xrightarrow{B(x,y)} D''$ 和 $L' \xrightarrow{B(x,y)} L''$。其中的 L'' 将作为水印信息发送给验证者，实际上分块置乱算法和块信息验证均是为了让验证者相信验证者和证明者手上使用的是同一个 D，从而防止证明者拿另外一个 D 来欺骗验证者的一种防御措施。分块置乱算法的步骤如下：

我们假设每块 CLB 长度为 x，每块 CLB 的高为 y，原始水印所在位置序列为 L'，FPGA 的原始 CLB 的长宽分别为 X, Y。

输入：$D', B(x,y), L'$

输出：D'', L''

步骤：

(1) CLB 矩阵分块

CLB 矩阵的长宽为 X, Y，所以 CLB 矩阵的行将被分成 $X_b =$

$(X+x-1)\div x$ 份，列将被分成 $Y_b=(Y+y-1)\div y$ 份，所以 CLB 矩阵被分成了 $B=X_b\times Y_b$ 块。分块的结果将可能出现四种不同的情况，如图 7.7 所示。

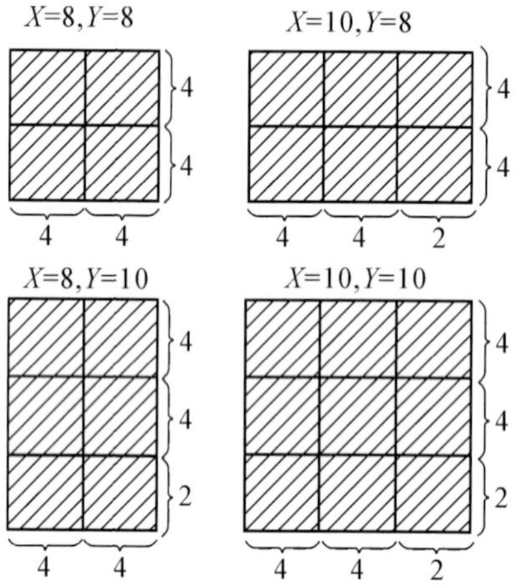

图 7.7　CLB 分块结构示意图

①$X\%x=0$ 且 $Y\%y\neq0$ 时：分块的最后一行块中的块高 $y_l=Y\%y$；

②$X\%x=0$ 且 $Y\%y=0$ 时：所有块的大小相等；

③$X\%x\neq0$ 且 $Y\%y\neq0$ 时：分块的最后一列的块长 $x_l=X\%x$，最后一行的块高 $y_l=y\%y$；

④$X\%x\neq0$ 且 $Y\%y=0$ 时：分块的最后一列的块长 $x_l=X\%x$。

（2）查找水印信息所在的位置

水印信息位置具体到了 CLB 中的 LUT，所以我们需要对位置信息进行定位，得到水印信息位置序列 L' 中的每个成员所属于的 CLB，得到的非重复的 CLB 序列记为 l。

（3）含水印块集合的集合内置换

将含有水印的块集合 l 在所在的集合内采用随机置换的算法做一个置换操作，操作的具体算法如图 7.8 所示。

①所有的 CLB 块用 Arr 表示，将 Arr 按照每块大小的不同分组，最多有 4 组，最少有 1 组，小组记作 $T_k(1\leqslant k\leqslant 4)$，如图 7.8 所示；

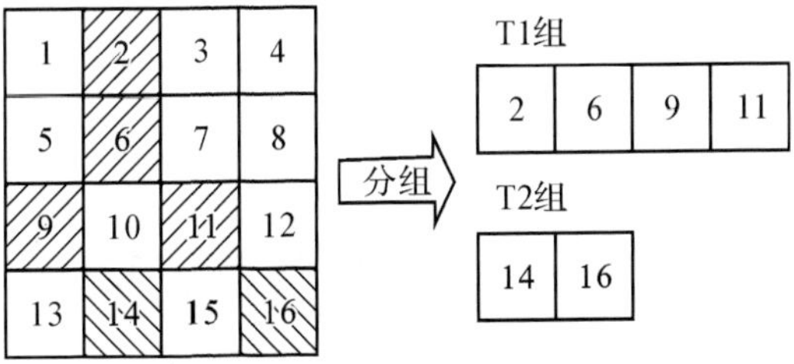

图 7.8　CLB 块分组结构示意图

②对 T_k 中的每个成员中的块数超过 1 的成员执行第③～⑥步；

③T_k 中的 CLB 的块用数组 Arr_a 表示，另外准备一个空数组 Arr_b，准备一个映射文件 Map；

④对于数组 Arr_b 中的每个成员，从 Arr_a 中随机找一个成员来填充，然后删掉 Arr_a 中的该成员，并将该成员从 Arr_a 映射到 Arr_b 的映射关系写入到 Map 文件中；

⑤循环执行④直到 Arr_a 中没有任何成员为止；

⑥用 Arr_b 中的成员块依次替换 Arr_a 中的成员块。

(4) 水印块置换完成。

生成置换后原水印所在序列：根据所生成的映射文件 Map，我们可以很快地由原始水印位置序列 L' 得到置换后的水印位置序列 L''。

7.4.3　水印检测

在零知识证明协议的基础下，IP 拥有者在不泄露水印内容和水印位置信息的前提下，可以让 IP 买家从 IP 内核的配置文件(bitfile)中检测出 IP 拥有者的水印版权信息，从而达到零知识检测的目的。在该协议中，IP 拥有者扮演证明者，IP 买家扮演验证者，双方验证的交互过程基本流程如图 7.9 所示。

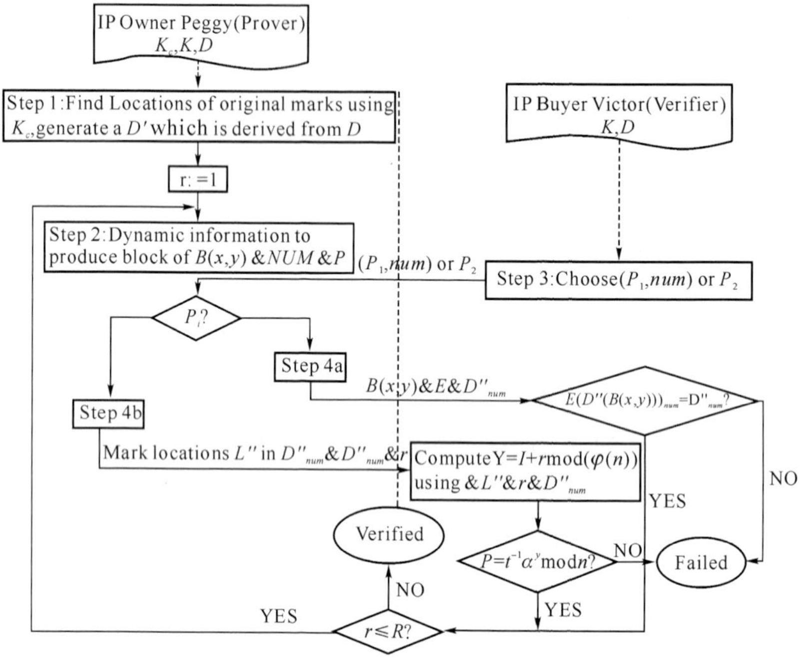

图 7.9　双方验证的交互过程模型

步骤一：初始化

(1) 证明者使用私钥 K_c 作为单向哈希函数 F 的种子序列，得到原始嵌入了水印的 IP 内核配置文件 D 中的水印位置信息 L。

(2) 证明者和验证者同时使用整体置乱算法对 D 中的 CLB 单元进行重新布局，整体置乱后 $D \to D'$，$L \to L'$。使用整体置乱算法是用来掩盖水印实际的位置信息，即使验证者知道了 L'，也无法推出 L。

步骤二：验证开始

(1) 证明者动态产生分块信息对 $B(x,y)$，其中参数 x,y 分别代表块长为 x 个 CLB 和块宽为 y 个 CLB，并且计算出按照 $B(x,y)$ 分块后的总块数 NUM。

(2) L'在$B(x,y)$下对应一个唯一的块号序列S，而这些块号所对应的内容上集成了水印信息，将其S称为敏感信息。

(3) 使用上节中的分块置乱算法E，针对D'上的敏感信息进一步进行重新布局，分块置乱后$L'\to L''$，$D'\to D''$。

(4) 证明者利用公钥信息对K，计算$p=\alpha^r \bmod n$，其中$r=x+y$。

(5) 证明者将D''，p和NUM一起发给验证者，请求验证。

步骤三：质询

(1) 验证者接收到D''，p和NUM后，随机选择验证方式发送给证明者，要求证明者能给予应答。验证方式有两种，第一种称为块信息验证方式，第二种称为水印信息验证方式。

(2) 如果验证者选择的是块信息验证方式，则需要随机选取一个整数num，$num\in[1,NUM]$，作为块号信息发送给证明者；如果验证者选择的是水印信息验证方式，则无需发送任何数据。

步骤四：应答

(1) 证明者接收验证者要求的验证方式。

(2) 如果证明者接收的是块信息验证方式，就把分块信息对$B(x,y)$、分块置乱算法E和D''_{num}发送给验证者(其中D''_{num}表示D''中的第num块信息)；如果证明者接收的是水印信息验证方式，就把r和L''发送给验证者。

步骤五：验证

(1) 验证者接收证明者发送过来的信息。

(2) 如果验证者选择的是块信息验证的方式，那么验证者只需要验证$E(D''(B(x,y)))_{num}=D''_{num}$是否成立(其中$E(D''(B(x,y)))_{num}$表示利用分块信息对$B(x,y)$对$D''$分块后使用分块置乱算法，$E$表示提取第$num$块的信息)；如果验证者选择的是水印信息验证方式，则先利用L''从D''中提取出用RSA加密后的水印信息I，计算$y=I+r \bmod \varphi(n)$，然后再利用公钥信息对K验证$p=$

$t^{-1}\alpha^{y} \bmod n$。

(3) 如果验证通过，就返回步骤二继续执行，直到达到了双方事先约定好的轮数或者双方互相信任为止；如果验证不通过，就退出程序，验证失败，该证明者不可信。

7.4.4 算法性能分析

为了能够对本文中零知识协议的性质进行有效评估[132]，下面我们将从完备性、稳健性以及零知识性等三个方面对芯核水印的零知识认证协议进行分析。

(1) 完备性：协议在验证过程中，证明者向验证者提供两种质询方式，验证分块布局和验证布局中所含内容 I，且每一轮都是如此，证明者在事先不知道验证者所做出选择的情况下对验证者的质询做出回答，若协议的每一步都被正确执行，如此反复进行 R 轮，一个诚实的验证者总能判断证明者是否存在欺骗行为。

(2) 稳健性：假设证明者在应答过程中存在欺骗，由于每一轮验证者都有两个质询的选择，那么在证明者事先不知道验证者选择的质询条件下成功回答验证者质询的概率是 1/2，R 轮证明者都能成功欺骗验证者的概率就为 $1/2^R$，其欺骗失败的概率则为 $1-1/2^R$。在 R 足够大的情况下，如果验证者是诚实的，则证明者成功欺骗验证者几乎是不可能的，协议满足稳健性条件。

(3) 零知识性：如果协议每一轮执行的步骤都正确，那么证明者将向诚实的验证者提供位置置乱后的水印位置和参数 r，妄图欺骗的验证者想通过置乱后的水印位置和 r 得出原始的水印嵌入位置 L 和水印明文 m，解出 m 需要解决离散对数难题，由于每一轮 bitfile core 的布局都发生了变化，要想 R 轮后还能准确地推导出 L，其难度是非常大的。因此，我们可以认为在有限的时间和资源的条件下，验证者如果不能成功地获得任何信息，那么本文在基于零知识证明协议下的 IP 盲检测系统是可以实现的。

7.5　实验结果及分析

本节针对所提出的芯核水印算法进行了一系列实验，为了更好地评估算法的性能，本文选用加密芯核 DES[104]、MD5[105]、SHA[105]及 RSA[106]，分别在 Virtex Ⅱ Pro XC2VP4 FPGA 平台上进行实验[102]，主要从水印的稳定性及安全性能等方面来考虑。水印检测的稳定性主要是指水印嵌入之后芯核检测算法检测水印的正确性的概率[133]，而安全性主要是从水印芯核的检测巧合率方面进行分析。

7.5.1　水印检测稳定性分析

我们将对四种嵌入 32bit，256bit 以及 512bit 水印信息的加密芯核载体进行检测实验，其中 W 表示检测稳定性，X 表示图中曲线下面的面积。实验得出的水印稳定性的变化情况如图 7.9 所示。在图 7.9 中，稳定性曲线是对芯核电路中水印的正确检测率和对原始芯核载体的虚警率结合而成，其中 X 的面积越大，也就是 W 的值越大，也就说明芯核水印检测的性能越好。本节中用检测稳定性来评估芯核水印检测算法的检测性能，其定义为：

$$W = 2X - 1 \tag{7.1}$$

表 7.1　水印嵌入后检测稳定性比较

Circuit	Original design		32 bit watermark		256 bit watermark	
	Cells(Slices)	Timing(ns)	W	X	W	X
RSA	490	9.130	0.865	0.730	0.965	0.930
MD5	1 171	18.018	0.773	0.546	0.843	0.686
SHA	1 695	12.765	0.565	0.330	0.771	0.542
DES	1 438	11.231	0.641	0.282	0.819	0.638

从表 7.1 中可以看出，采用的四种加密芯核占用的资源数有一

定的不同，然而对于水印检测算法的评估也具有一定的代表性。四种加密芯核在嵌入 32bit 水印信息时，门数越大的芯核电路其检测稳定性反而较小。也就是说，门数越大的芯核电路在本文算法中水印的检测稳定性反而变弱。

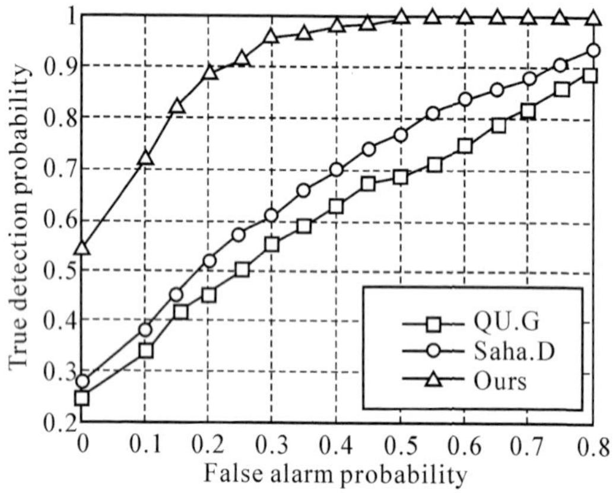

(a) 100%

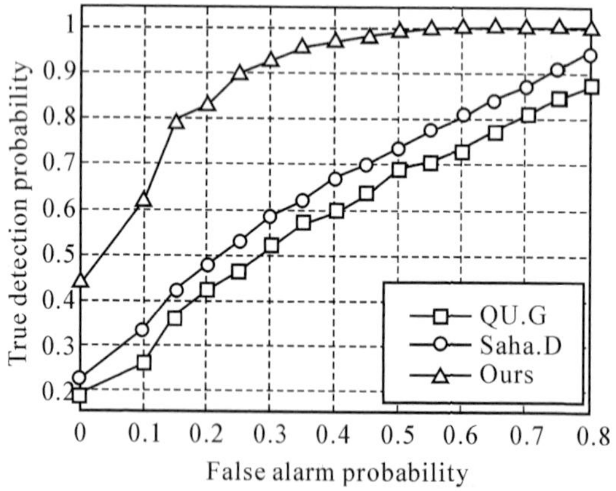

(b) 75%

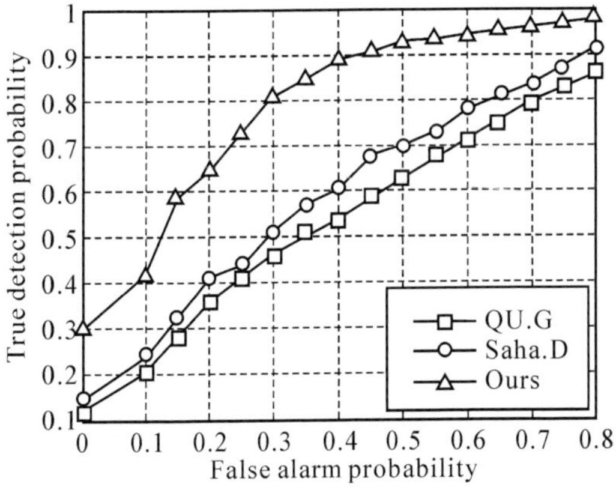

(c) 50%

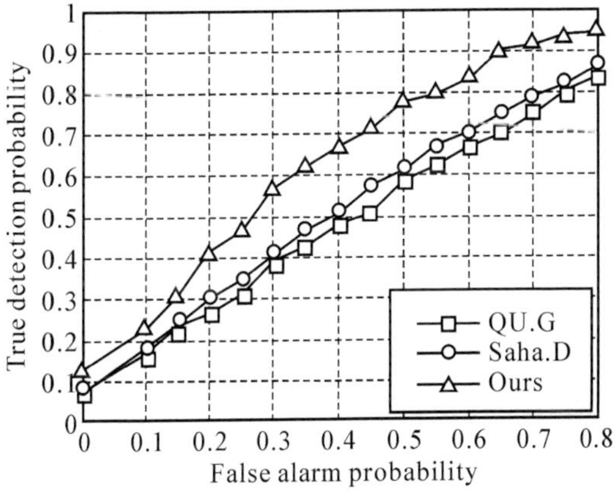

(d) 25%

图 7.10　三种方法检测的曲线图

为了更好地评估提出算法在资源和延时方面的性能，将本文所提出的水印算法与文献[97] QU G. 和文献[132] Saha D. 所提出的水印方法进行比较，在 MD5 芯核设计中分别嵌入 100%、75%、50%以及 25%的水印信息之后，得到三种水印方法在含水印载体中的检测稳定性和虚警率方面的关系，由图 7.10 中的实验对比结果可知：随着水印嵌入率的增加，三种水印方法中的虚警检测率均发生了一定的变化。随着水印嵌入率的增加，本文的方法相对 QU G. 和 Saha D. 的方法而言，其正确检测概率很快就趋向于 1 的状态，这说明在水印嵌入率较高的情况下，该方法其检测算法的稳定性是很高的。

7.5.2 安全分析

(1) 水印检测概率

在基于零知识协议的芯核水印检测算法评估中，该算法采用检测虚警率 P_s 对零知识协议的水印检测算法的安全性进行评估。检测虚警率 P_s 是无检测水印设计碰巧带有水印检测的概率。根据算法的思想，版权信息通过一系列步骤转换成待嵌入的水印片段。设 l 为待嵌水印片段的数目，n 为所有未用查找表的数目，从 n 个未用位置检测到 m 个水印位置的概率为 $1/C_n^m$。而所选择的位置恰好包含待检测水印片段的概率假设为 P_s，那么巧合概率可以由式(7.2)计算：

$$P_s = \frac{1}{C_n^m}(P_0)^{n_0}(P_1)^{(n-n_0)} \tag{7.2}$$

为了达到较好的安全效果，我们希望检测虚警概率 P_s 趋向于 0。为了对芯核水印算法的安全性进行评估，本文对三个加密芯核上的检测虚警率 P_s 和水印嵌入率 Q 进行了测试实验，实验中以 DES 芯核为载体，通过本文的方法对 DES 中的水印信息进行检测。实验结果如图 7.11 所示：当水印嵌入率越大时，本文方法中 P_s 值的下降幅度要明显大于文献 Saha D. 中 P_s 值的下降幅度。因此，随着嵌入率的增大，本文的检测概率 P_s 很快趋近于 0，这表明本文的水印检测虚警率比文献 Saha D. 中的水印检测虚警率要小，即本文的水印检测算法的安全性能较高。

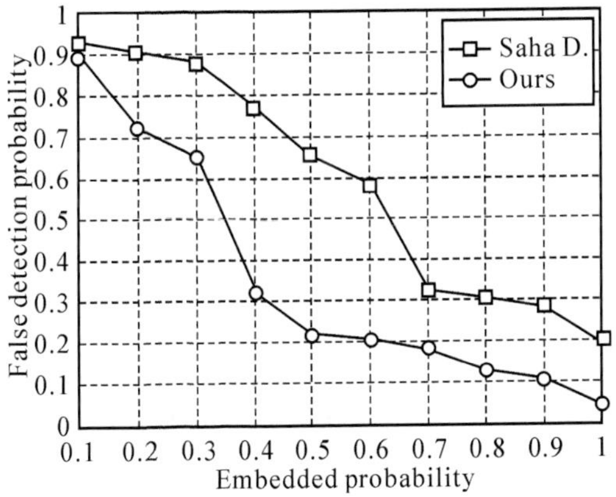

图 7.11　不同水印嵌入率下的检测虚警率比较图

水印检测虚警率与水印嵌入虚警率没有必然的联系，但与水印嵌入方式相关联。通常情况下，嵌入率高的方法更容易检测，嵌入率低的方法更难检测；而基于量化的芯核嵌入方式相对于基于替换或交换的水印嵌入方式而言，水印嵌入率较低。从图 7.11 中可以得知：在嵌入水印容量为 32bit，嵌入率为 100%时，本文的嵌入方式比文献 Saha D. 中的嵌入方式在芯核水印检测巧合率方面要具有一定的优势。

表 7.2　芯核水印检测性能比较

芯核载体名称	嵌入率	Saha D. 方法			本文算法		
		W	T	P_β	W	T	P_β
RSA	100%	0.865	0.224	0.012	0.865	0.026	0.009
	75%	0.791	0.257	0.022	0.791	0.221	0.017
	50%	0.645	0.358	0.024	0.645	0.256	0.014
	25%	0.382	0.479	0.031	0.382	0.289	0.025
MD5	100%	0.773	0.245	0.008	0.773	0.221	0.005
	75%	0.685	0.457	0.014	0.685	0.254	0.009
	50%	0.452	0.668	0.031	0.452	0.202	0.011
	25%	0.324	0.709	0.039	0.324	0.271	0.017

续表 7.2

芯核载体名称	嵌入率	Saha D. 方法			本文算法		
		W	T	P_β	W	T	P_β
DES	100%	0.641	0.313	0.015	0.641	0.021	0.003
	75%	0.561	0.421	0.022	0.561	0.162	0.013
	50%	0.378	0.518	0.026	0.378	0.273	0.015
	25%	0.256	0.725	0.027	0.256	0.388	0.018

从表 7.2 中可知:三种芯核载体在不同的水印嵌入率的情况下，本文的方案由于构造了整体置乱算法，相比于文献 Saha D. 中的 Z 字置乱算法，本文的方法对水印的位置变换的运算量较小，所用计算时间也相对较短，这样就会节省水印检测时间。因此，本文的方法相对于文献 Saha D. 中的方法而言，其算法更加适合于芯核水印实时检测的情况。同时从表 7.2 中也可看出，本文的方法在检测算法的稳定性和检测虚警率方面也具有较大的优势。

(2) 抗多重嵌入攻击性能

非法嵌入攻击的方法是非诚实的 IP 购买者在别人含有水印版权的芯核电路载体中再次加入自己水印的攻击方法，这种方法将会使得非诚实 IP 购买者在嵌入水印后迷惑 IP 版权拥有者，并阻止 IP 版权拥有者对自己的版权信息进行有效地取证。同时，该种攻击方法会导致芯核载体的电路性能在一定程度下出现下降的现象。由于芯核电路载体的特点，在本章的方案中，我们主要采用的 Hash 函数 SHA-1 的函数值来对验证方进行随机询问，这样将使得非法嵌入攻击者不能进行有效的信息伪装。通常，Hash 函数的设计均是在随机假设条件下进行的，如果验证者对签名值 r 的承诺值为 Z，那么在离散对数困难的假定下，Z 的公开是不会泄漏有关 r 的有用信息。文中使用零知识证明的思想对芯核水印的认证具有不可传递性。证明中的公钥 Y 通过公钥证书与证明者的身份信息捆绑在一起，且只有签名者才可以构造以上的零知识证明，这样便防止了验证者利用证明者所拥有的 DSA 数字签名信息 M 来分发给其他用户。在芯核知识版权保护中，可以在零知识证明中加入验证者的身份信息，这样可使证明者的证明不仅是对验证者本身的证明，也可作为证明者对验证者合法使用该作品的唯一授权证明，这样本文的方案在抵抗嵌入攻击下是安全的。

7.6　本章小结

为了能有效地保护芯核设计者的知识产权，公开密钥信息的水印认证方案已引起了许多研究者的兴趣。本文在 SoC 行为抽象级设计的基础上，设计了一种基于零知识证明思想的芯核公开水印方案。该方案把芯核水印信息零知识协议中的密钥阈值作为某个水印信息安全认证的凭据，同时可向公众实时公开零知识证明协议中密钥阈值信息以及版权所有者的身份信息。水印在无需原始载体的情况下可以对水印信息进行有效的盲认证操作，认证协议中置乱算法的设计极大地提高了芯核版权所有者抵抗各种常规攻击的能力。该方案将芯核水印信息融合到零知识加密方案中，弥补了其他芯核水印方案没有考虑在公共场合进行公开水印盲检测的缺陷。实验结果表明，该方案的实现对芯核资源的开销影响较小，同时该方案还具有很好的检测稳定性、安全性以及鲁棒性。

8 基于隐秘内容自恢复机制的芯核水印认证方案

众所周知,传统的芯核水印方法主要用于对芯核电路版权的隐秘信息进行保护,其鲁棒性强、容量较高和检测灵活等特点非常适用于数字电子产品知识产权的保护。但是在当今物联网快速发展的时代,大量非法攻击算法仍然对芯核电路的保护构成极大的威胁,芯核电路的知识产权保护方法目前仍然处于研究初期阶段,大量的水印算法的鲁棒性和安全性还不稳定。本章从芯核电路受到攻击破坏的角度出发,研究如何利用被破坏的版权信息内容来真正地保障芯核水印信息认证的准确性,这也正是芯核水印认证领域需要重点研究的内容之一。因此,本章提出一种基于隐秘内容自恢复机制的芯核水印认证方案,该方案能够使得芯核电路版权信息保护方法更加具有鲁棒性和追溯性。

8.1 引言

在数字芯核水印版权保护技术中,各种抗非法攻击的数字 IP 水印方法得到了广泛的发展和关注,主要研究工作集中在基于 FPGA 技术的 IP 水印研究和基于 FSM 技术的 IP 水印研究等领域,Castillo 等人[101]利用 FPGA 的特殊内部结构,在未用查找表和已用查找表的空隙中写入水印数据。其主要的硬件开销是要增加水印提取的逻辑,在检测到特定的输入序列后,此逻辑将顺次给出水印的存放地址,并路由水印数据到输出端口。这些方法尽管能够有效地应用于实际的芯核电路中,但是它们在水印抵抗非法攻击方面还存在一定的安全隐患。

为了能够有效地提高上述方法在抵抗非法去除攻击的能力,

Ziener 等人[19]提出一种可以在电源引脚进行嵌入和检测水印信息的方法，这种方法在基于 FPGA 芯核水印中首次出现。然而，这种方式的水印可跟踪性较差，攻击者容易对水印信息进行破坏。文献[136]提出在芯核设计的行为层嵌入水印生成电路以及测试电路，由此来证明芯核设计的版权归属。采用这种方法进行版权验证时，不需要额外的提取工具，并且当芯片封装之后仍能检测水印。但是，由于生成电路和测试电路模块的嵌入，从而导致硬件开销加大，同时这些冗余的电路也容易被移除。

R. S. Chakraborty 等人[96]提出对设计的网表层进行模糊处理来达到保护 IP 版权的目的。这种方法尽管在一定的延时条件下具有较小的面积和功耗开销，但是它的鲁棒性能较差，在一定的非法攻击下，它的安全性不能得到有效的保护。文献[134,135]中分别提出了两种通过自重构水印技术进行芯核水印版权保护的方法，但是这两种方法主要介绍的是在水印生成过程中的自重构处理，文中并不具备水印受损后的自恢复的性能。因此，这两种方法尽管具有一定的自重构水印生产函数的能力，但是在水印嵌入过程中，它们的安全性、高容量以及自恢复性能方面不具备较好的优势。

在上述水印安全保护方案中，尽管研究者提出了很多有效的水印方案，但是这些方案大多还不具备自恢复的功能，水印信息一旦遭到破坏，水印便不能进行有效恢复。因此，这将使得 IP 版权拥有者无法对非法攻击者造成的侵权破坏行为进行有效的安全认证。本文从 IP 水印受到一定程度的非法攻击破坏的角度出发，提出了一种基于 FPGA 技术的自恢复双重 IP 水印认证方案。该方案不仅能使 IP 版权用户针对非法攻击者的破坏侵权行为进行有效的取证，而且在水印嵌入开销方面也具有一定的优势。

8.2　双重 IP 水印生成

芯核水印在解决 IP 复用的知识产权安全保护中起到了非常重

要的作用。双重芯核水印在芯核知识产权保护中能够嵌入芯核拥有者的双重标识，更加有利于证明芯核拥有者的版权，同时也能进一步有效地遏制版权盗用者的侵权行为。顾名思义，双重 IP 水印技术主要有两重芯核水印。在第一重芯核水印中，我们通常选取任意一些版权所有者的标识信息作为水印，对水印信息进行预处理后得到二值水印序列为 $S_i=\{S_1,S_2,S_3\cdots S_n\}$，其中，$S_1,S_2,S_3\cdots S_n$ 表示第一重芯核水印的二进制串。第二重水印通常选取含有客户信息的水印图标来构成第二重水印信息，预处理后得到的二值水印序列可表示为$S_i'=\{S_1',S_2',S_3'\cdots S_n'\}$，其中，$S_1',S_2',S_3'\cdots S_n'$为第二重芯核水印的二进制串。因此，我们可以在同一芯核载体上嵌入两种不同功能的芯核水印信息。其中的第一重水印用于辨别版权的归属问题；第二重水印主要是对用户在使用该芯核产品时的有效监控，对非法用户或盗版单位进行实时跟踪调查。

下文中我们将重点介绍双重芯核水印压缩预处理、门限方案原理以及双重水印的映射关系等关键技术[137—139]。

8.3 自恢复数学模型

8.3.1 恢复原理

在数字双重芯核水印的隐秘内容自恢复方案中，我们设$\{(x_1,y_1),\cdots,(x_k,y_k)\}$是双重水印 S 中的 k 个信息内容所构成的集合，其中 $x_i(i=1,\cdots,k)$均不相同，那么在信息内容集合上存在唯一的$k-1$次多项式 $f(x_i)$可构造出这 k 个信息的内容，如公式(8.1)所示：

$$f(x)=a_0+a_1x+\cdots+a_kx^{k-1} \tag{8.1}$$

若把隐秘信息 s 取作 $f(0)$，即 a_0，n 个子秘密信息取作 $f(x_i)(i=1,\cdots,k)$，那么利用其中的任意 k 个子秘密信息就可以重构 $f(x)$，从而便可得到隐秘信息 s(即 a_0)。其求解可用以下方程组表示：

$$\begin{cases} a_0 + a_1(x_1) + \cdots + a_{k-1}(x_1)^{k-1} = f(x_1) \\ a_0 + a_1(x_2) + \cdots + a_{k-1}(x_2)^{k-1} = f(x_2) \\ \vdots \\ a_0 + a_1(x_k) + \cdots + a_{k-1}(x_k)^{k-1} = f(x_k) \end{cases} \tag{8.2}$$

当双重水印任意部分的内容受到非法攻击者的破坏后，我们便可通过公式(8.2)中的方程组来重构出原方程 $f(x)$ 水印实体的信息，进而令 $x=0$，则可解得 $a_0=f(0)$，即 $s=f(0)$。

另外，μ 表示在载体 $f(x)$ 中未用 LUT 上的冗余属性位置关联参数值，ρ_i 为 k 个子秘密信息的平均自恢复阈值，其计算关系如公式(8.3)所示：

$$\rho_i = \frac{\mu}{1-\mu} \frac{f'(x_i)}{f(x_i)} \tag{8.3}$$

8.3.2　映射关系

映射关系的确定是可恢复双重芯核水印算法中很重要的一个环节，算法的映射关系能够在密钥分割中的多个子密钥信息之间建立特殊的联系。从图 8.1 中可以看出，我们可以通过部分密钥信息的映射函数关系重构出水印的原始信息。基本映射思路如下：将双重水印中加密后的二进制水印分组信息 S_iS_i' 看成是门限方案中的秘密 $s(a_0)$；根据上节中门限分割方案的原理，由 S_iS_i' 可以分别计算出其子密钥 k_ik_i'，然后根据各自的子密钥与另一重水印信息进行主从函数映射 F；最终可由映射关系得到两个新的双重 IP 水印关联信息 S_kS_k'。由于 S_k 中含有 S_i' 的子密钥 k_i'，而 S_k' 中又含有 S_i 的子密钥 k_i，所以，我们可由 S_k' 来恢复 S_i，由 S_k 来恢复 S_i'。通过门限方案与双重水印之间的主从映射函数 F，我们便可以建立可恢复双重水印的基本关联模型。

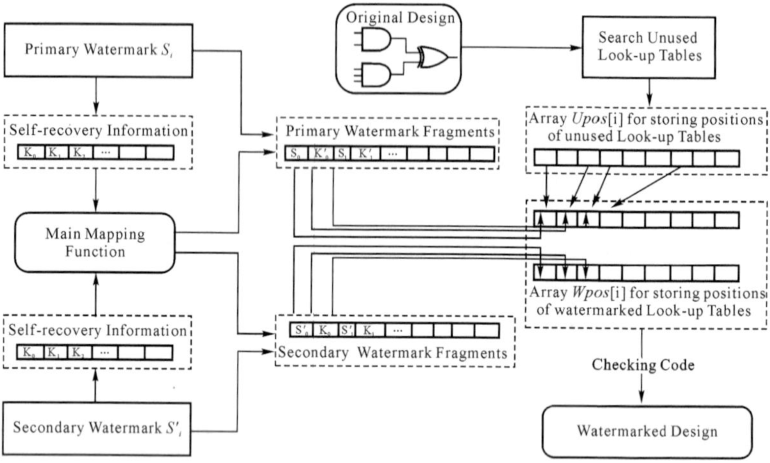

图 8.1　双重 IP 水印自恢复结构图

8.4　自恢复双重芯核水印认证方法设计

8.4.1　双重水印嵌入

数字双重 IP 水印的嵌入方法主要是通过在 bitfile 自约束文件中添加一组附加的约束条件，对待嵌水印的空闲 LUT 的位置进行限定，使其尽可能地在已用的 LUT 附近，从而避免因水印在嵌入过程中空闲 LUT 之间的连线过长，导致资源占用和路径延时过高等问题的出现。

整个双重芯核水印的组合逻辑匹配嵌入工作是在 FPGA 设计过程中进行的，具体步骤如下：

(1) 利用广度搜索算法对 CLB 进行查找，对 CLB 中的 Slice 通过深度搜索算法进行查找，通过判别 Slice 中 F 和 G 的值来判别 LUT 查找表是否已用，F 或 G 的值为 0 表示 F 或 G 对应的 LUT 查找表未使用，否则说明该 LUT 查找表已被使用，并对 FPGA 中未使用的 LUT 查找表的坐标信息进行统计。

(2) 将统计后的未用 LUT 查找表坐标信息和待嵌入水印信息 $S=S_0S_1S_2S_i$、$S'=S'_0S'_1S'_2\cdots S'_n$ 以 S 或 S' 的 16 位二进制信息对应一个 LUT 查找表坐标，依照这样的规则建立一个可相互映射的索引表 δ；其中 S 为第一重水印，S' 为第二重水印。

(3) 根据 $S=S_0S_1S_2\cdots S_n$，选择数对 (k,m) 且满足 $k\leqslant m$，构造一个 $k-1$ 次多项式 $f_1(x)=a_0+a_1x+\cdots+a_{k-1}x^{k-1}$，$x$ 的值为 0，1，…，m，$2\leqslant k\leqslant m$，$a_1,a_2,\cdots,a_{k-1}$ 是随机选取的系数，其中 $a_0=S$，$H_k=f_1(i_k)$，i_k 依次取 $[0,m]$ 之间的整数，计算得到第一重水印的恢复信息 $H=\{H_k|k=1,2,\cdots,m\}$，根据已选定的数对 (k,m) 和 $S'=S'_0\ S'_1S'_2\cdots S'_n$ 再构造一个 $k-1$ 次多项式 $f_2(x)=b_0+b_1x+\cdots+b_{k-1}x^{k-1}$，$b_1,b_2,\cdots,b_{k-1}$ 是随机选取的系数，计算得到第二重水印的恢复信息 c，H'_k 由 $H'_k=f_2(i_k)$ 计算得到，此时 $b_0=S'$，保存 H 和 H'，作为水印恢复时的参数。

(4) 从第一重水印 $S=S_0S_1S_2\cdots S_n$ 中读取 4 位 16 进制的组合逻辑信息，利用组合逻辑匹配的方法，根据位置参数值 μ 和第二重水印的恢复信息 $H'=\{H'_k|k=1,2,\cdots,m\}$ 的值，对待嵌入的第一重水印信息和第二重水印的恢复信息 H' 进行线性转换，达到压缩的效果，其中线性转换模型为 $A\times B+C$，(A,B) 表示水印嵌入位置的坐标，即位置参数表示的信息，C 表示在 (A,B) 坐标位置处嵌入的相应比特信息，将线性转换后的 bit 信息以 16 位为一组嵌入到 (A,B) 对应的 CLB 中的 LUT 查找表中，即改变 bitfile 自约束文件中对应位置的值，此值也就是索引表 δ 的冗余信息。为了保证水印的安全，对嵌入的 bit 信息进行加密，加密的私钥为 key，私钥 key 对应的自恢复阈值为 H'_K；从第二重水印 $S'=S'_0S'_1S'_2\cdots S'_n$ 中读取 4 位 16 进制的组合逻辑信息，利用组合逻辑匹配的方法，根据位置参数值 μ 和第一重水印的恢复信息 $H=\{H_k|k=1,2,\cdots,m\}$ 的值，将线性转换后的 bit 信息以 16 位为一组嵌入到 (A,B) 对应的 CLB 中的 LUT 查找表

中，即改变 bitfile 自约束文件中对应位置的值，此值也就是索引表 δ 的冗余信息。为了保证水印的安全，对嵌入的 bit 信息进行加密，加密的私钥为 key，私钥 key 对应的自恢复阈值为 H_k；其中 μ 为索引表 δ 中冗余属性标识符位置参数值。

(5) 根据每一个 LUT 查找表实现任意 4 位 16 进制的组合逻辑信息，依此类推，直至 bit 信息全部嵌入到冗余属性标识符中。

8.4.2 双重水印提取

当 IP 核版权所有者怀疑其 IP 核可能被盗用时，便可申请由中立的第三方组织按以下步骤从 FPGA 中提取出原始用户的版权信息，从而可以很容易对 IP 核所有者的版权信息进行有效的提取。具体步骤如下所示：

(1) 提取冗余属性标志信息：若水印未被破坏，利用私钥 key 和 key′，根据 IP 水印嵌入时版权所有者保留的水印位置信息，找出未用 bitfile 自约束文件中所有新插入的冗余属性标识符信息。

(2) 重构索引表 δ 和冗余组合表达式的映射关系：根据水印嵌入未用 LUT 查找表后的冗余属性标识符位置参数值 μ，计算出索引表 δ 和冗余组合表达式，即水印嵌入时的线性转换模型 $A\times B+C$ 的映射关系，从而求出在索引表 δ 中 $A\times B+C$ 中 C 值对应的 LUT 查找表位置。

(3) 提取水印：根据映射关系与冗余组合表达式中 C 的值，以及储存在相应的 LUT 查找表中的规则，得到含有实现数字 IP 水印信息的冗余属性标识符位置信息，从而提取出水印信息。

8.4.3 双重水印恢复

当传统的芯核水印信息一旦受到非法攻击者的恶意破坏，其恢复的可能性非常小，从而给芯核水印的版权信息认证带来很大的困难。本文中的方案可以通过其恢复机制对被非法攻击者恶意篡改后的水印信息进行有效的认证。本文的双重水印认证方案主要依靠秘密分割中的重构密钥特性来实现。当发生版权纠纷时，版权拥有者可先通过算法提取出受损 IP 中的水印信息 C_1，C_2，然后通过恢复这些受损的水印信息来对双重水印的原始水印信息进行版权认证，即：$C_1' \leftarrow E^{-1}(F(x),\rho) \rightarrow C_2'$。这里有两种认证情况：①若有 $C_1'=C_1$ 或者 $C_2'=C_2$，则可证明自己拥有该 IP 核的版权；②如果 $C_1' \neq C_1$ 且 $C_2' \neq C_2$，则不能证明版权的所有问题。

由于双重水印之间存在映射关系，它们具有相互关联性，本文设计的映射函数 F 可以采用 7.1 节中的门限方案来达到相互恢复的效果。在水印的相互恢复中，还存在两种恢复情况：①当双重 IP 水印中一部分水印信息 C_1 被破坏时，可由 S_2 恢复出受损的水印信息 C_1，即 $C_1=E^{-1}(F(x_2),\rho)$，其中 $F(x_2)$ 为水印自恢复信息 S_2 的主映射函数，ρ 为自恢复因子；②当另一部分水印信息 C_2 被破坏时，则可由 S_1 恢复出 C_2 的信息，即 $C_2=E^{-1}(F(x_1),\rho)$，其中 $F(x_2)$ 为水印自恢复信息 S_1 的主映射函数。

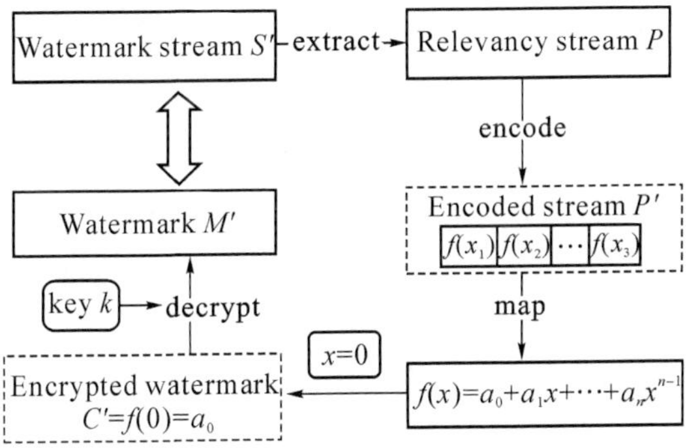

图 8.2　双重水印的恢复认证流程图

当水印信息被非法攻击者进行恶意篡改后，我们可以利用上面介绍的双重水印恢复机制来尝试受损水印的恢复，其基本流程如图 8.2 所示：首先，我们将提取关联信息。从含有关联冗余信息流的 S' 中提取出关联水印信息 P。其次，将关联水印信息 P 进行重新编码，

其编码后的关联水印信息为 $P'=\{f(x_i)|i=1,2,\cdots,k\}$。最后，通过重新编码得到的关联水印信息$P'$和自恢复因子 ρ 对受损水印信息进行重构处理，同时，还需将重新编码后产生的关联水印信息 P'当成秘密信息重构的子密钥，通过 8.1 节中的重构方程 $f(x)$水印实体的信息，则可恢复出原水印信息 M'。

8.5 实验结果分析与比较

实验所采用芯核主要以 Xilinx 开源芯核作为测试电路，使用的测试平台为 XC2V3000 FPGA，测试实验环境为 Xilinx ISE[140] 等综合工具。仿真实验在 Intel Pentium Dual-Core CPU 2.0GHZ 处理器和 2GB 内存的计算机上进行。

8.5.1 算法安全性能分析

在可恢复双重 IP 水印的抗攻击性能方面，我们重点评估了水印在 FPGA 器件的未用 LUT 中虚警和漏警两种安全性能。虚警是指实际上没有遭受恶意攻击的 IP 载体被误认为遭受到恶意攻击的情况；漏警是指当可恢复信息遭受到恶意攻击后，我们的算法没有在 IP 载体中检测出可恢复信息受到异常攻击的情况。

通过本文的自恢复方法，我们可以防止非法攻击者利用删除、逆向重构等攻击方法来破坏或篡改原始水印信息。本文的方法与文献[134,135]中水印的安全性比较，主要体现在漏警概率和虚警概率的分析上。其中 P_c 为虚警概率，P_m 为漏警概率。实验中本文主要选择去除攻击作为主要的攻击方法。去除攻击主要是利用某些特殊手段直接去除水印的一种攻击方法。

在非法去除攻击方法的实验环境下[141]，根据本文算法的思想，我们首先将版权信息经过一系列步骤转换成待嵌入的水印片段，然后对水印片段信息进行虚警和漏警实验分析。在实验测试过程中，我们设 m 为待嵌水印片段的数目，n 为所有未用查找表的数目，α 为所有可恢复片段信息的数目，从 n 个未用位置选取 α 个水印片段信息和 β 个实际可恢复片段信息的概率分别为 $1/C_n^\alpha$，$1/C_n^\beta$。假设所选择的位置恰好包含待嵌入水印片段的概率为 p_0，而所选择的位置恰没有包含待嵌入水印片段的概率为 p_1，本文的算法在文献[134,135]计算方法的基础上，即可分别得出可恢复双重 IP 水印中虚警概率和漏警概率的计算公式：

$$P_c = \frac{1}{C_n^\alpha}(P_0)^{m_0}(P_1)^{(m-m_0)} \tag{8.4}$$

$$P_m = \frac{1}{C_n^\beta}(P_0)^{m_0}(P_1)^{(m-m_0)} \tag{8.5}$$

根据上式(8.4)、(8.5)中的计算方法，我们从下图 8.3(a)和图 8.3(b)中可知，在移除攻击的情况下，我们的方法相较于其他两种方法，在虚警率和漏警率方面均具有一定的优势。

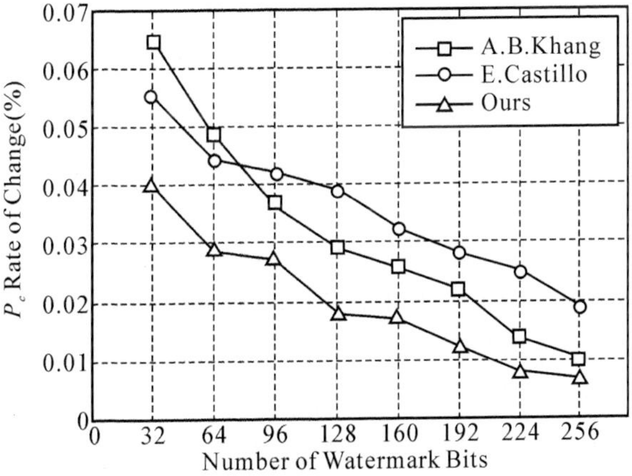

(a) 虚警变化率

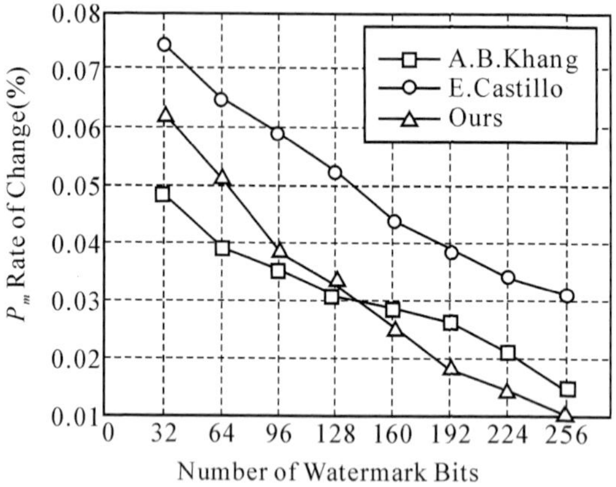

(b) 漏警变化率

图 8.3　水印后的虚警和漏警性能比较

在自恢复双重 IP 水印算法的安全分析过程中，双重水印自恢复过程的计算复杂度为 $O(k^2)$，时间计算复杂度为 $O(k+2)$，文献[135]中数字水印嵌入时的时间复杂度为 $O_2(k+2)$。两相比较，本文的算法在双重水印自恢复过程中，水印的自恢复计算复杂度并不是很高，同时在水印嵌入时的时间复杂度方面也具有较好的优势。

8.5.2　物理布局效果图

本实验以 DES 芯核载体为例，通过物理布局效果图来体现芯核水印嵌入前后以及水印自恢复前后芯核面积开销的变化情况。在实验中，我们首先对其 DES 载体进行编译、综合、布局布线，最终得到了图 8.4(a)中的原始 DES 载体物理布局效果图；其次利用我们的方法分别将 512 比特的双重水印信息分别嵌入原始的 DES 载体中，最终得到了图 8.4(b)中的嵌入水印后的物理布局效果图；当芯核水印受到一定程度的非法移除攻击算法的破坏后，我们可以通过文中的方法将受损的水印信息从 DES 载体中自恢复出来，其恢复后的效果如图 8.4(c)所示。

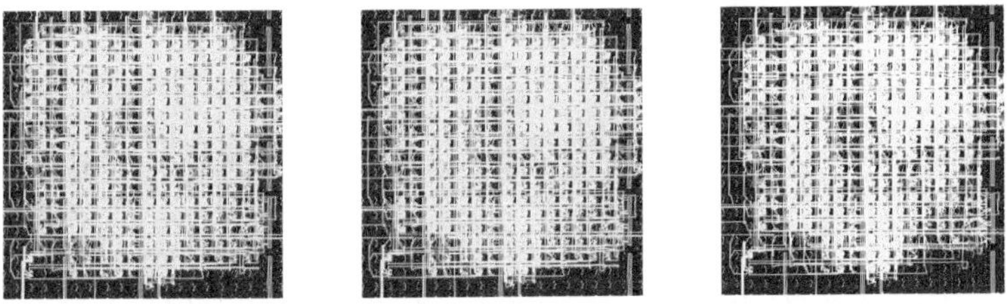

(a) 原始 IP 布局布线图　(b) 嵌入水印后的布局布线图　(c) 恢复水印后的布局布线图

图 8.4　自恢复双重 IP 水印布局效果图

从物理布局效果图 8.4 中可以看出：图 8.4(b)中嵌入 512 比特的水印信息后生成的布局图比图 8.4(a)中原始载体布局图纹理丰富、布线面积有所增大。当芯核水印信息受到非法移除攻击后，芯核水印受损程度为 20%时，我们尝试用本文的方法进行恢复处理，并将水印恢复处理后的芯核再次进行物理布局，其效果图如图8.4(c)所示，从图中可以看出它相对于图 8.4(a)和图 8.4(b)的变化并不明显。因此，我们的方法在芯核载体中进行水印信息恢复时，并不会给芯核带来较大的额外面积开销。

8.5.3　水印嵌入容量

本文的双重 IP 水印容量指标可以通过水印嵌入比来进行衡量。水印嵌入比是指表示相同数量的版权信息需要的最小水印信息量与最大水印信息量的比值。水印嵌入比越小时，在相同性能影响的情况下嵌入的水印容量就越大，水印的可信度也越大。通过分析和计算本文算法和文献[134,135]中算法的实际水印嵌入量，我们可以对本文算法的水印容量进行评估。在图 8.5 中，文献[134,135]中的水印嵌入比分别为 1/4 和 1/2，而本文的算法其实际嵌入量与版权信息数量的嵌入比值为 1/8。嵌入比越小，水印容量越大。这是因为为了降低水印嵌入时自恢复片段带来的额外开销，我们将隐秘信息进行了分组、压缩等预处理过程，最终通过表达式组合的形式压缩了实际水印嵌入的容量。因此，本文的方法在较小的水印开销下，能够嵌入与其他方法相当的实际水印容量。

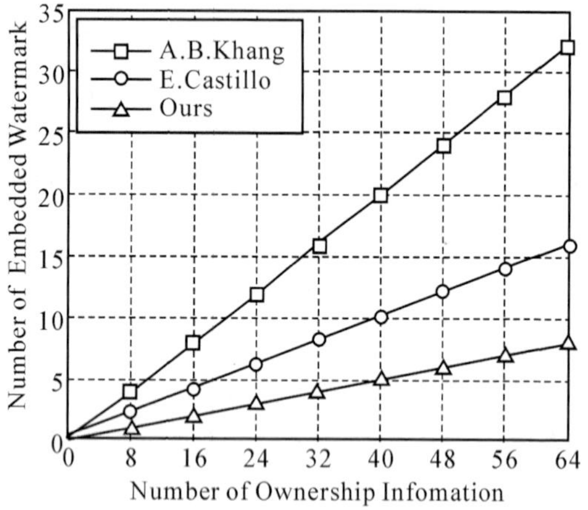

图 8.5　水印容量评估

8.5.4　水印自恢复能力评估

本文采用了非法移除攻击的算法对水印进行攻击实验测试，根据水印信息移除和破坏程度的不同，我们在实验中嵌入的水印容量为 512 比特，用 R 和 T 分别表示水印恢复后资源变化率以及延时变化率。索引表中冗余属性标识符的最佳位置参数值 μ 设定为0.5，由公式(8.3)可求知，在损坏程度为 10％、20％、40％下的水印自恢复阈值分别为 $\rho=1$，$\rho=0.945$，$\rho=0.721$。

表 8.1　水印算法在移除攻击下的自恢复性能比较表

损坏程度	IP 核类型	FPGA 器件	Original CLBs	Final CLBs	资源变化率 R(％)	时间变化率 T(％)	自恢复阈值	恢复程度
10％	DES56	XC2V3000	948	949	1.326	0.158	1	100％
	Audio	XC2V3000	634	637	2.892	0.062	1	100％
	6081	XC2V3000	458	461	1.448	0.047	1	100％
	AES	XC2V3000	1 524	1 525	0.984	0.161	1	100％

续表 8.1

损坏程度	IP 核类型	FPGA 器件	Original CLBs	Final CLBs	资源变化率 R(%)	时间变化率 T(%)	自恢复阈值	恢复程度
20%	DES56	XC2V3000	948	957	3.152	0.165	0.945	96%
	Audio	XC2V3000	634	644	2.735	0.036	0.945	95%
	6081	XC2V3000	458	464	2.883	0.026	0.945	94%
	AES	XC2V3000	1 524	1 529	3.941	0.184	0.945	97%
40%	DES56	XC2V3000	948	981	6.661	0.221	0.721	79%
	Audio	XC2V3000	634	678	7.227	0.159	0.721	71%
	6081	XC2V3000	458	489	7.357	0.062	0.721	67%
	AES	XC2V3000	1 524	1 621	5.862	0.343	0.721	68%

在有效的非法移除攻击下，我们以水印恢复程度为 70%作为水印恢复合格的标准，从表 8.1 中的自恢复性能实验比较表可得知：随着水印损坏程度的增加，水印自恢复时将导致 CLB 资源占用率、水印恢复后资源变化率以及延时变化率出现一定程度的增加。但是，当水印的损坏程度达到 40%的时候，部分芯核的水印自恢复性能将降到最低值，水印恢复后资源变化率以及延时变化率也将会变到最大，这是由于水印恢复过程中本文的芯核水印方法是通过在索引表 δ 的冗余属性标识符中进行添加标识的。而冗余属性标识符的设计需要许多未用 LUT 的水印嵌入点，如果水印嵌入的容量越大，那么未用 LUT 资源的需求也就会越多。当水印在自恢复过程中水印恢复的程度越大，那么将会使得受损水印程度较大的芯核电路在恢复时需要占用的额外资源开销也会变大。因此，在非法移除攻击下，水印损坏程度在 40%以内，我们的方法仍然能够较好地恢复出大部分受损水印信息；但是水印损坏程度一旦超过 40%，我们的方法将不能对受损信息进行自恢复认证处理，同时带来的开销也会是最大的。

8.6　本章小结

本章从水印受到攻击损坏的角度出发，分析了数字 IP 水印信息受损后的隐秘内容自恢复问题，提出了一种基于隐秘内容信息自恢复机制的数字 IP 水印方法。该方法主要是采用门限方案的密钥重组思想来实现水印信息的自恢复，这种算法充分利用了双重水印特有的信息量大、稳健性好的优点，通过压缩预处理改善了以往 IP 核水印的稳健性并降低了水印嵌入开销。实验分析表明，本方案并不会带来较大的硬件开销，水印的自恢复效果较好。因此，该方案的研究对于芯核水印自恢复认证技术的发展具有广阔的应用前景。

第四篇　数字 IP 水印实例设计与实现

在前面章节介绍的数字集成电路版权保护与检测技术的基础上，本章根据芯核电路与数字水印之间的关系，利用信息隐藏、集成电路设计以及数字取证等技术，在 FPGA 平台上用 JAVA 语言设计了一套能够对芯核电路的知识产权进行实时保护与检测认证的软硬件系统。本章主要以芯核水印技术中芯核电路版权保护管理软件的应用需求为导向，分析了当前芯核电路安全保护管理机制的必要性，并考虑到不同约束条件和应用场景，对芯核知识产权保护的原型系统的软件管理系统进行了一些详细的实例介绍。希望该原型系统的设计能够对国内外研究机构中的芯核电路知识产权保护研究工作起到积极的推进作用。同时，本章的内容对于国内众多半导体企业而言，在探究芯核电路产品的实时保护方面，也起到了良好的市场开发应用的参考价值。

9 数字 IP 水印原型系统

为了能够验证芯核水印方法的有效性，本章主要以前面章节中的芯核水印算法为基础，设计与实现了一个基于 VLSI 的电路知识产权保护系统，如图 9.1 所示。系统中集成了本文的四种芯核水印方案，它们分别为混沌映射 IP 水印、时间约束 IP 水印、零知识 IP 认证系统以及可恢复双重 IP 水印。本章将以混沌映射芯核水印算法为例，对芯核水印系统进行详细介绍。

芯核电路版权保护系统属于一个独立的第三方软件。因此，系统的测试需要在一台配置了 JAVA 环境的 PC 机上进行，并且该 PC 机上要求安装 Windows 操作系统。测试的主要内容包括以下几个方面：①系统水印方案的嵌入及提取测试；②双重水印的受损内容恢复测试；③零知识芯核水印验证系统验证测试。

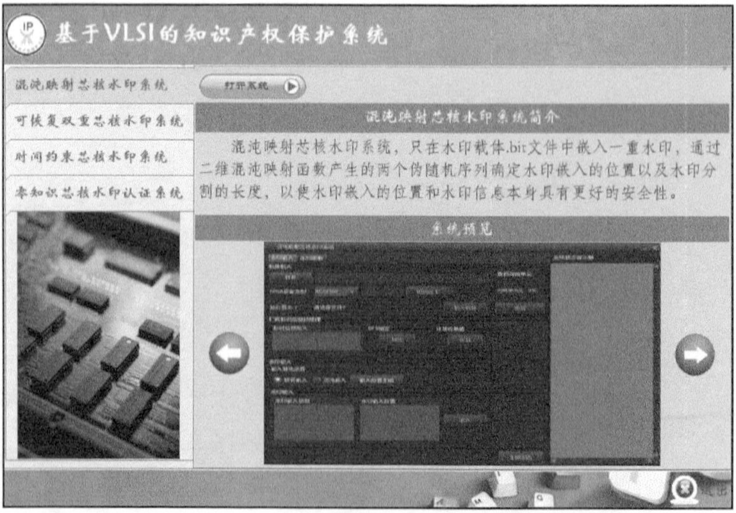

图 9.1　混沌映射芯核水印系统界面

9.1　测试环境设置

考虑到本作品的应用地点主要在室内工作，无特殊环境要求，所以设定的试验运行环境如下：①PC 机一台（装有 VLSI 的知识产权保护系统软件的 Windows 7 系统或者 Windows XP 系统，并且该 PC 机要配置好 JAVA 虚拟环境）；②满足系统设计型号的 IP 芯核库。

9.2　混沌 IP 水印

首先，我们进入混沌映射芯核水印系统的界面，选择好芯核载体文件和 FPGA 的主要型号，利用混沌映射嵌入算法，点击嵌入位置生成。下面，我们将详细地介绍水印嵌入、提取和取证等相关的测试操作信息。

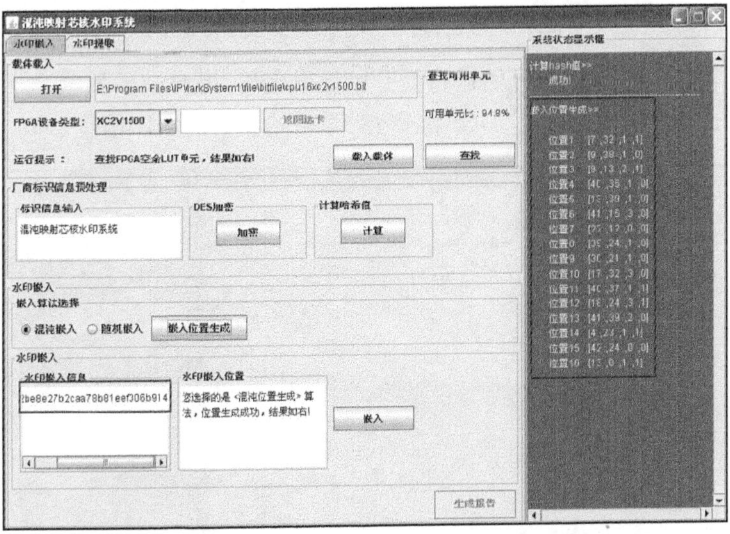

图 9.2　混沌映射芯核水印系统水印嵌入结果图

接下来，我们完成水印信息的嵌入和密钥信息生成等操作。然后，点击嵌入按钮，完成水印的嵌入工作。最后，点击生成报告生成密钥信息文件，如图 9.3 所示。

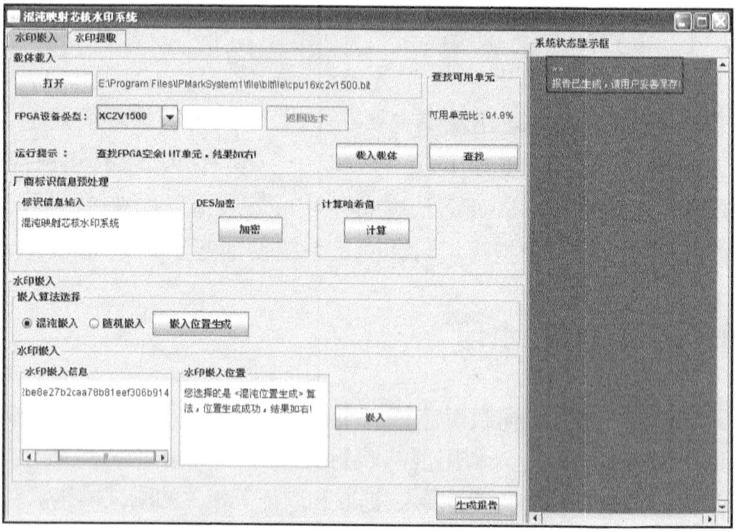

图 9.3　混沌芯核水印文件生成示意图

水印提取：点击开始运行就开始提取水印，提取结果如图 9.4 所示，此时的水印是经过 DES 加密和 MD5 哈希后的水印信息。

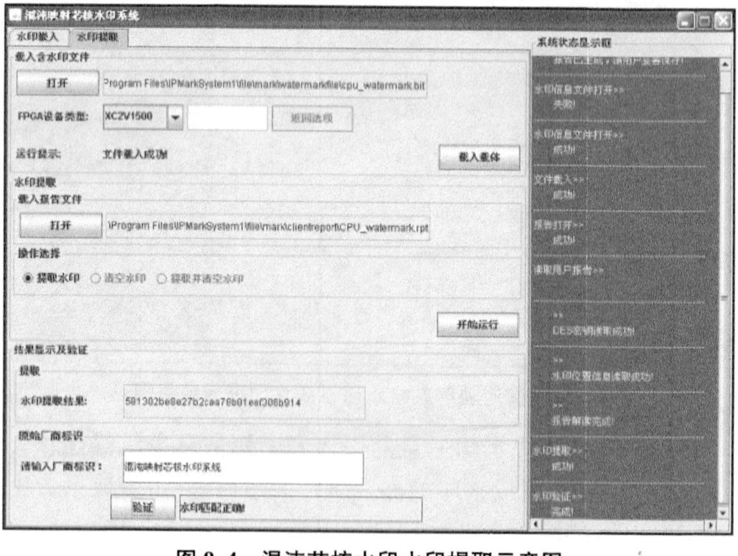

图 9.4　混沌芯核水印水印提取示意图

水印验证信息：在厂商标识框内输入原始的水印信息，点击验证，验证提取水印与嵌入水印是否一致，验证结果如图 9.5 所示。

图 9.5　混沌芯核水印水印验证示意图

9.3　时间约束 IP 水印

(1) 选择与水印载体设备型号不一致的设备型号。在基于时间约束芯核水印系统中选择水印配置文件 des56.bit，原始使用载体为 XC2V500 型号的 FPGA 器件，但是选择 XC2V250 作为载入载体，点击载入后将在系统状态显示框提示读取 bit 文件。

(2) 设备类型选择正确，不输入任何待嵌的水印信息。在混沌映射芯核水印系统和时间约束芯核水印系统中，没有输入水印信息时是无法点击系统后面的嵌入按钮以及其他按钮，测试结果如图 9.6 所示。

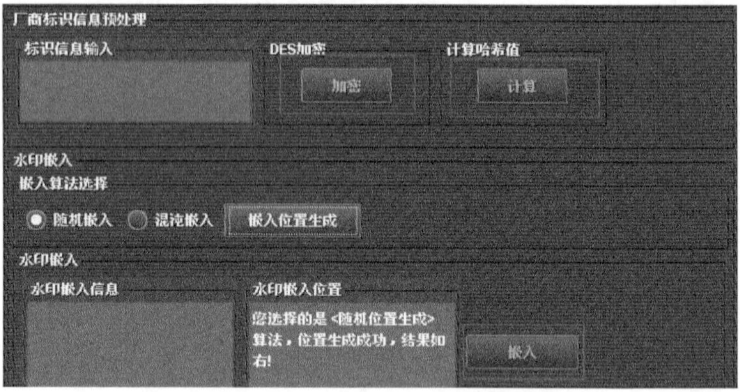

图 9.6　水印信息输入测试结果图

(3) 在 FSM 时间约束芯核水印系统中，当载入正确的 TH 和 QSF 文件时，其测试结果如图 9.7 所示。

图 9.7　文件载入正确时测试结果图

(4) 时间约束芯核水印系统中，当载入不正确的 TH 和 QSF 文件时，其测试结果如图 9.8 所示。

(5) 选择正确的设备型号，输入过长的原始水印信息。在基于时间约束的芯核水印系统中，由于采用 MD5 对水印信息进行了哈希，因此不管原始水印信息多长，都能被哈希成 128 位二进制流。在测试中向水印标识栏输入 100 个 a，其测试结果如图 9.9 所示。

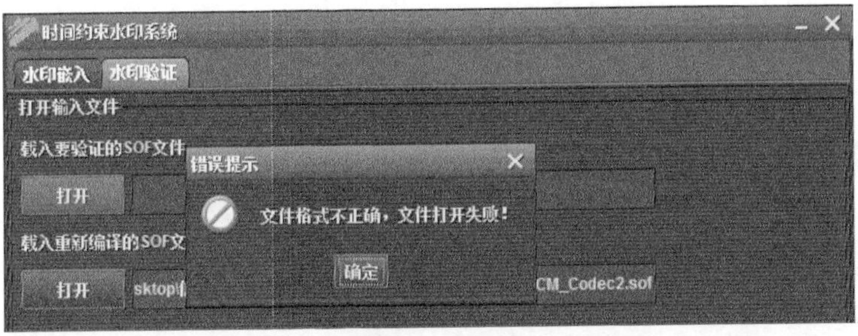

图 9.8　文件载入错误时测试结果图

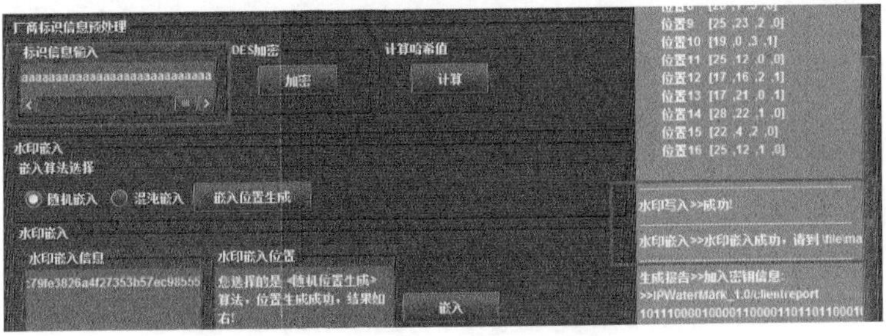

图 9.9　水印信息长度过长时测试结果图

(6) 选择正确的设备型号，输入合适长度的水印信息，其测试结果如图 9.10 所示。

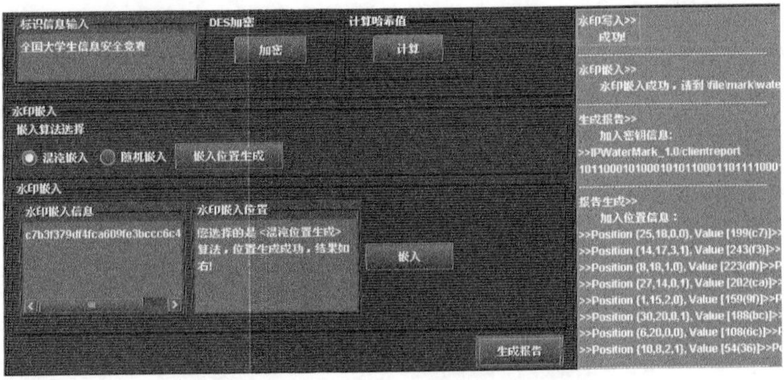

图 9.10　水印信息长度适中时测试结果图

（7）选择正确的设备型号，输入的水印信息是各种字符的组合，其测试结果如图 9.11 所示。

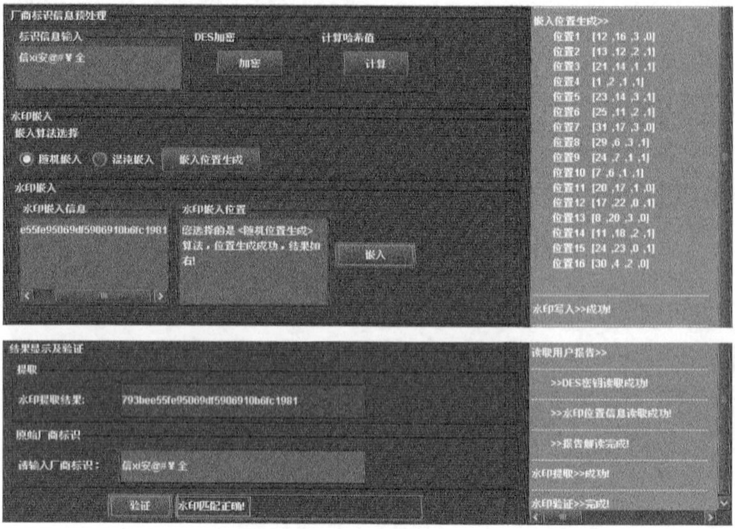

图 9.11　水印信息为字符组合时测试结果图

9.4　自恢复双重芯核水印系统

为了能进一步验证文中水印方法的有效性，本文在前面章节方法的基础上开发了一套较为完整的基于 FPGA 的自恢复芯核水印系统，该系统主要由水印嵌入、水印攻击、水印提取、水印恢复以及系统状态显示等几个部分组成。图 9.12 为双重芯核水印的嵌入位置生成示意图，在图中可以看到嵌入双重水印时所占用的 LUT 资源数目以及待嵌水印的位置生成信息。

通过图 9.13 可以看出，首先嵌入芯核的载体文件，然后选择 FPGA 设备的类型 XC2V500，接着嵌入双重芯核水印的信息，标示一为：第一重水印信息为"床前明月光……"；标示二为：第二重水印信息为"衣带渐宽终不悔……"。最后，在水印嵌入框中可以看到水印嵌入的二进制信息和水印嵌入的位置信息。图 9.13 中显示了双重水印嵌入后最终占用的 LUT 单元数目以及水印嵌入成功的报告。

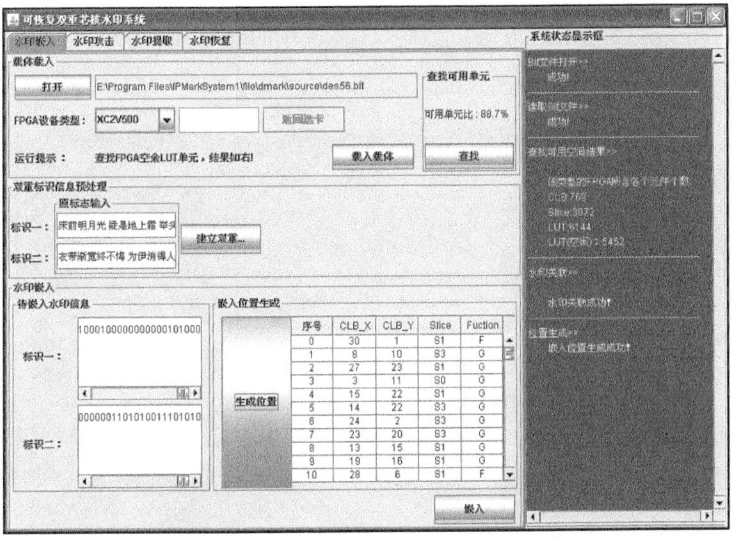

图 9.12　双重水印嵌入位置的生成示意图

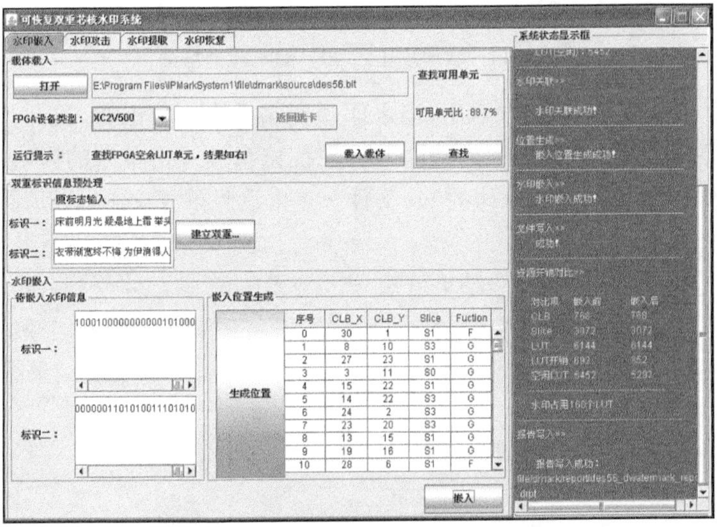

图 9.13　自恢复双重水印嵌入示意图

当芯核水印嵌入成功后，在图 9.14 中，我们利用事先设计好的去除攻击方法对芯核水印载体进行攻击实验。在实验中，我们设置的攻击强度为 40％，攻击位数为 2，最终我们能够得到受到攻击损坏的报告文件。

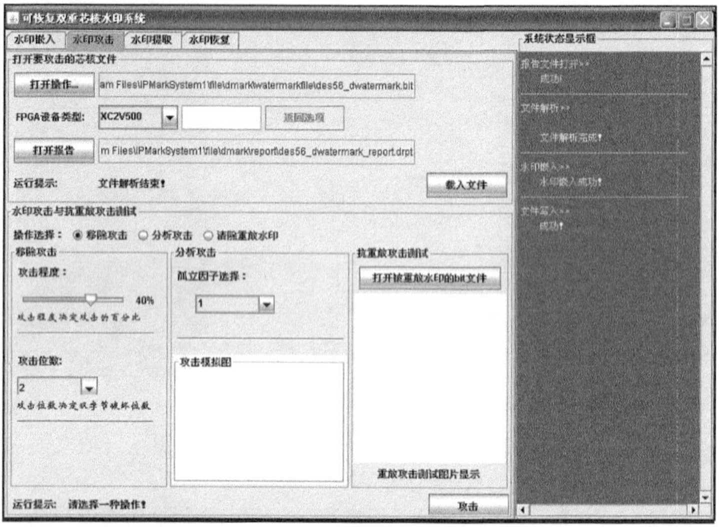

图 9.14　水印攻击后 40％的水印损坏图

从图 9.15 中可以看出，当水印受到多重嵌入攻击时，我们首先可以选择多重嵌入水印的清除方法来抵挡重放攻击带来的影响，然后点击“打开被重放水印的 bit 文件”，点击清除重放攻击可以清除被重放的水印。

从上面的攻击实验结果可知：当含水印的芯核载体受到攻击后，我们可以通过本文的自恢复水印认证方案将破坏的芯核水印载体进行恢复，从图 9.16 中可以看到第一重芯核水印的部分实验结果图。

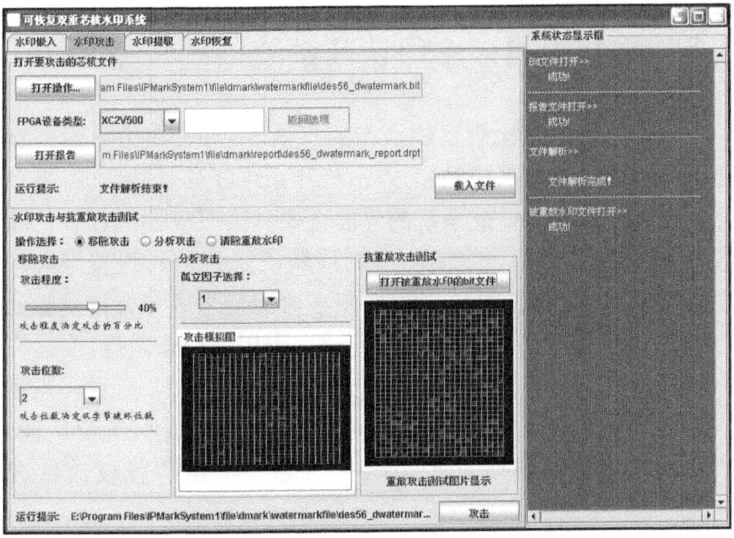

图 9.15　可恢复芯核受损后水印电路布局图

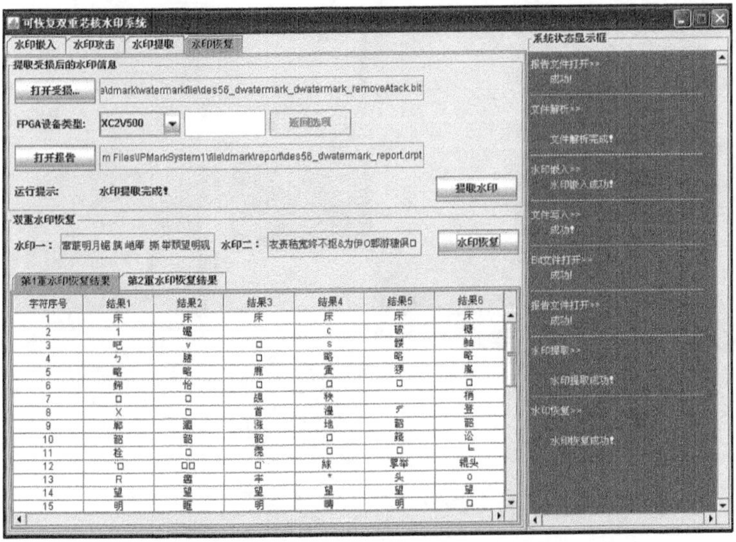

图 9.16　损坏 40％时的芯核水印恢复示意图

9.5 零知识芯核水印认证系统

为了能够验证该检测系统水印的有效性，首先在主界面中点击零知识验证芯核水印系统，然后点击打开系统服务器验证端，再点击打开系统客户认证端。此系统的界面主要分为服务器端和客户端两个部分，进入验证端后，首先设置端口（默认为 1234），设置好端口后点击运行服务器，如图 9.17 所示。服务器运行之后等待接受验证请求。然后，通过验证端向随机用户创建一个用户状态信息，当前在线用户的验证信息为等待接收用户信息状态，如图 9.18 所示。当客户端接收到信息连接成功后，验证者可以通过验证询问、身份认证、应答验证以及结束认证等几个步骤来对芯核电路的版权信息进行认证。

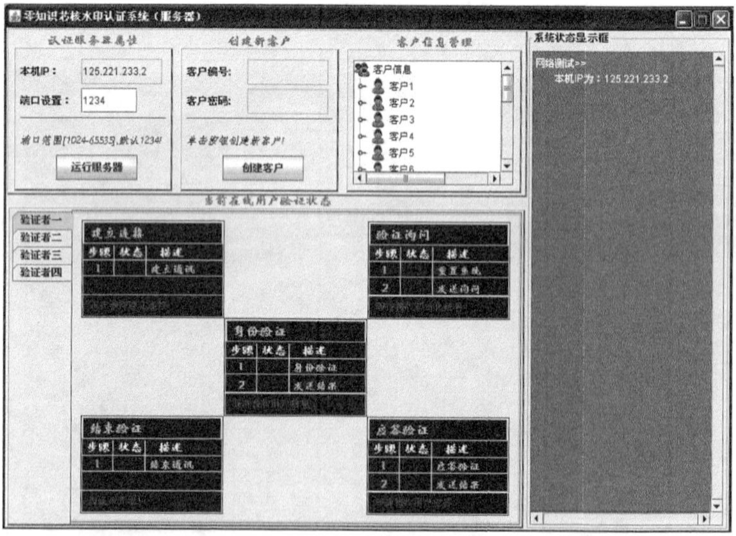

图 9.17 零知识芯核水印服务器验证状态示意图

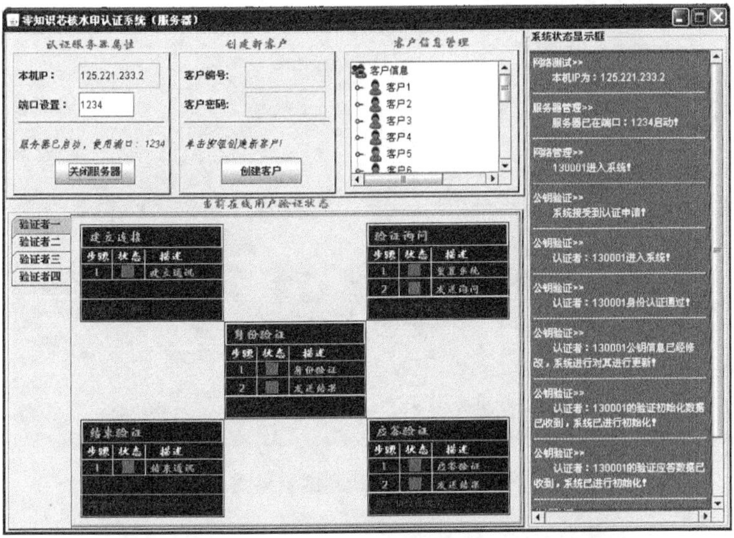

图 9.18　零知识芯核水印认证系统验证状态示意图

零知识水印验证系统水印验证测试：

(1) 零知识水印验证系统在无网络环境下测试，提示只能进行本地测试，无法远程验证，其测试结果如图 9.19 所示。

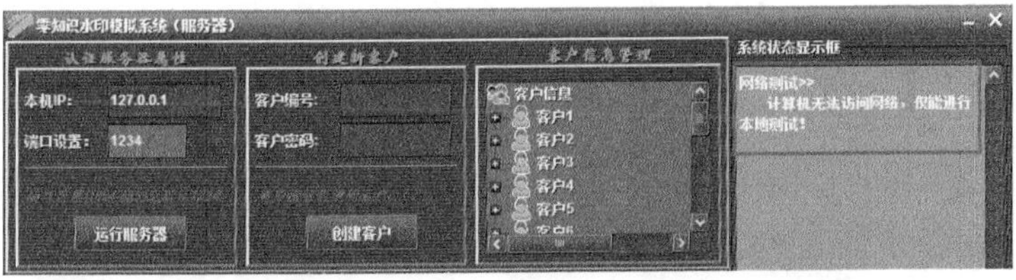

图 9.19　零知识水印验证系统网络环境测试结果图

(2) 零知识水印验证系统在有网络环境下测试，测试通过的结果如下，其中认证端和验证端都能看到最终的验证结果。

验证端结果如图 9.20 所示。

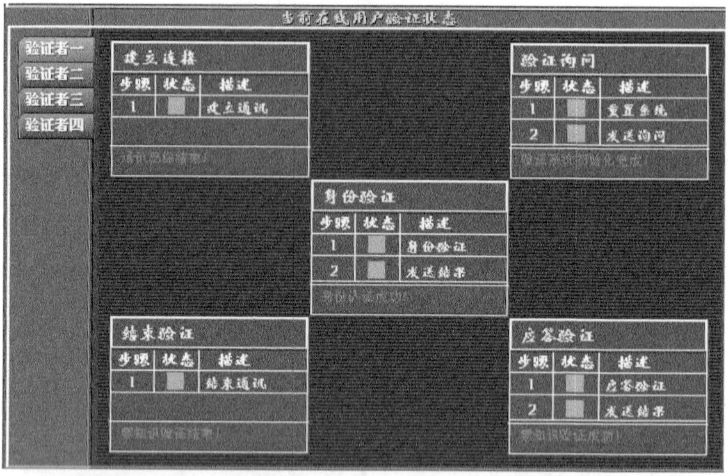

图 9.20　验证端测试结果图

认证端结果如图 9.21 所示。

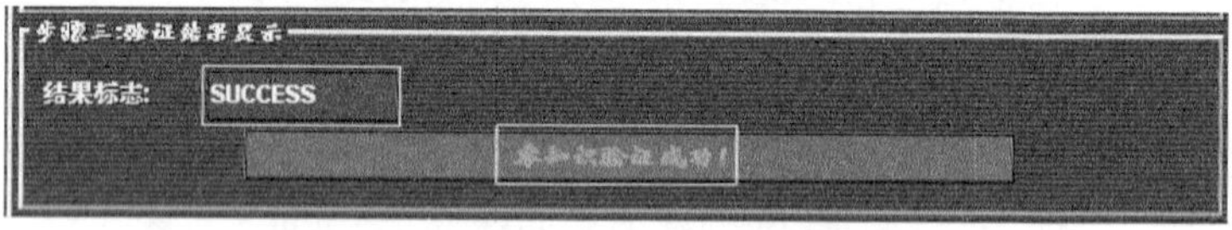

图 9.21　认证端测试结果图

(3) 零知识水印认证系统中,认证者输入错误的服务器 IP 和端口。如服务器 IP 为 10.112.4.52,而认证者输入的 IP 为 10.112.4.50。如果服务器端没有打开服务器,也会出现同样的结果。其测试结果如图 9.22 所示。

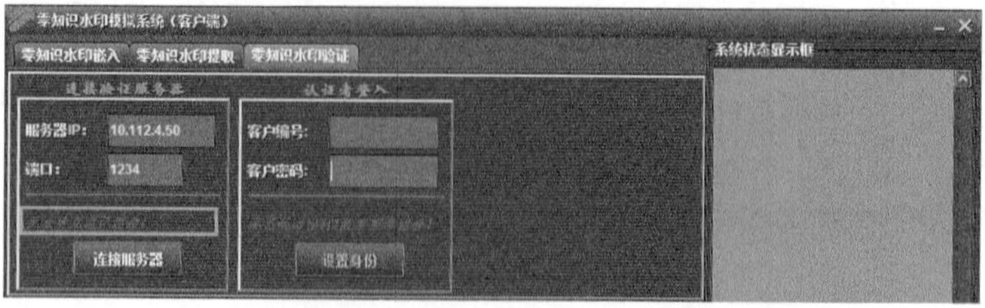

图 9.22　服务器和客户端 IP 地址不匹配测试结果图

(4) 零知识水印认证系统中，认证者输入不合法的客户编号和客户密码，其测试结果如图 9.23 所示。

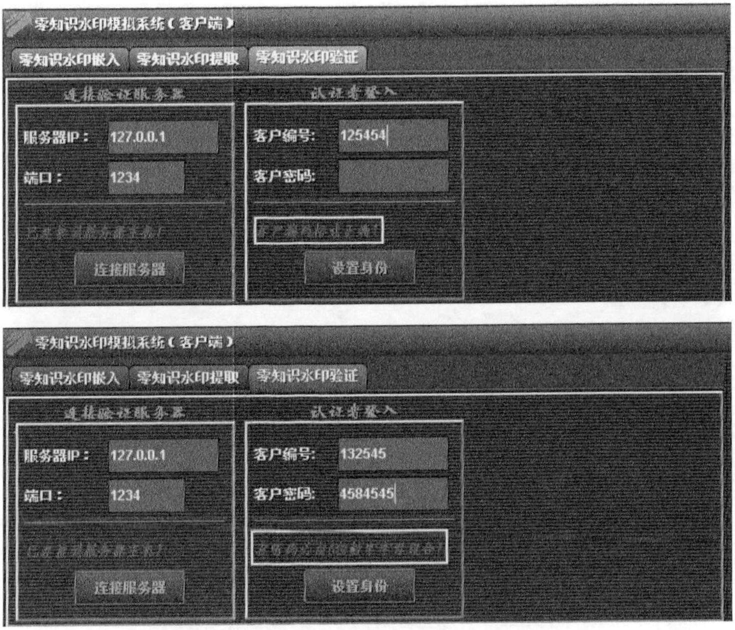

图 9.23　客户编号和客户密码测试结果图

(5) 零知识水印认证系统中，认证者输入错误的水印信息，其测试结果如图 9.24 所示。

图 9.24　错误的水印信息测试结果图

(6) 零知识水印认证系统中，客户端的认证者提取不正确的水印，计算了应答，且发送了应答包，其结果如图 9.25 所示。

(7) 在基于零知识证明思想的芯核水印认证系统中，服务器端的验证者收到的应答不能验证通过。零知识验证过程中的任何一个步骤出错，都会导致最终的验证不通过。图 9.26 是申请认证者的信息错误导致验证不通过，其测试结果如图中所示。

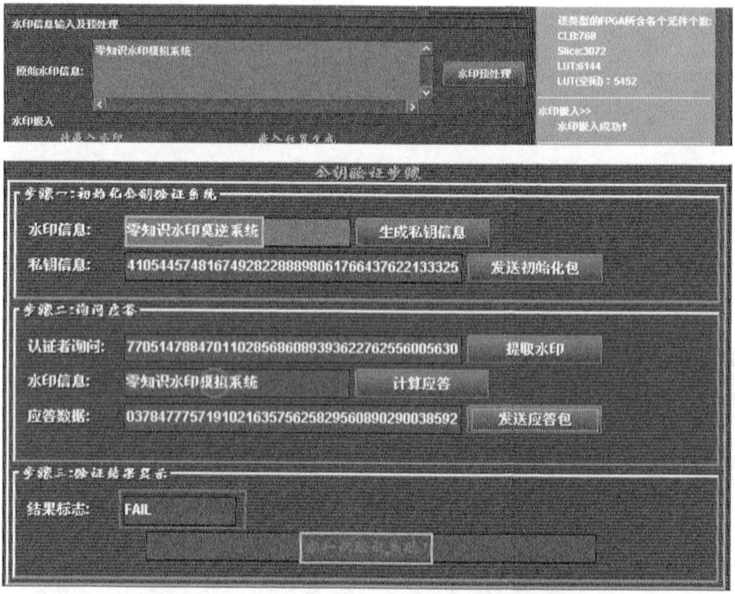

图 9.25　不正确水印应答的测试结果图

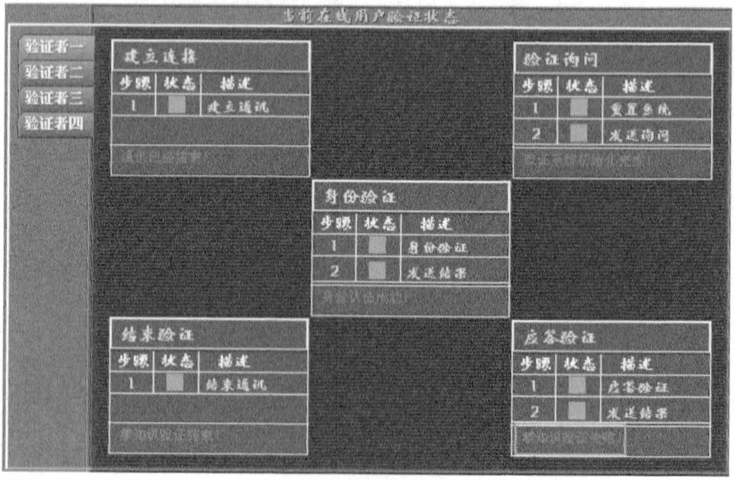

图 9.26　服务器端的验证不通过测试结果图

9.6　系统性能分析测试

(1) 在芯核水印系统的资源查看测试模块中，首先我们可以先打开一个原始芯核，然后用网格图和矩形图的形式很直观地显示出资源的占用情况；接着，按步骤打开相应的芯核文件，比如打开 RS _ DEC4XV4000. bit 芯核，其测试效果如图 9.27 所示。

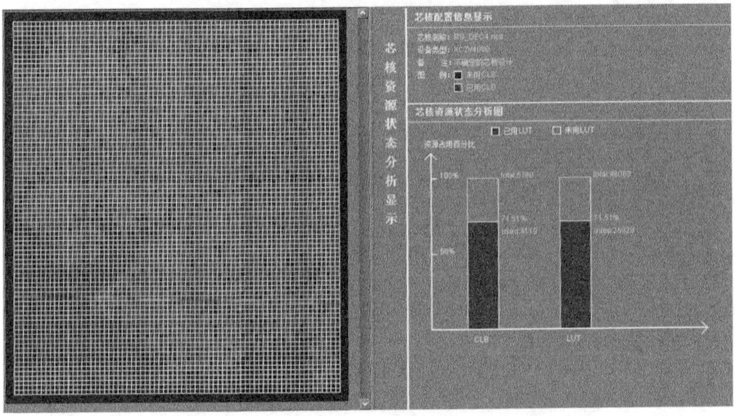

图 9.27　芯核资源查看测试模块效果图

(2) 在嵌入开销对比测试模块中，依次打开原始芯核和嵌入水印芯核，系统将会用红色网格标记水印位置信息，其开销对比也会在直方图中进行直观体现。比如依次打开原始 RS _ DEC4XV4000. bit 芯核和嵌入相应水印后的 RS _ DEC4XV4000. bit 芯核，其开销对比效果如图 9.28 所示。

(3) 在清除重放水印测试模块中，对于反复嵌入攻击，我们可以利用芯核固有的特性，依次载入两个有争议的芯核，经过系统分析比对，可以对重放后的芯核版权信息进行有效的恢复，其测试效果如图 9.29 和图 9.30 所示。

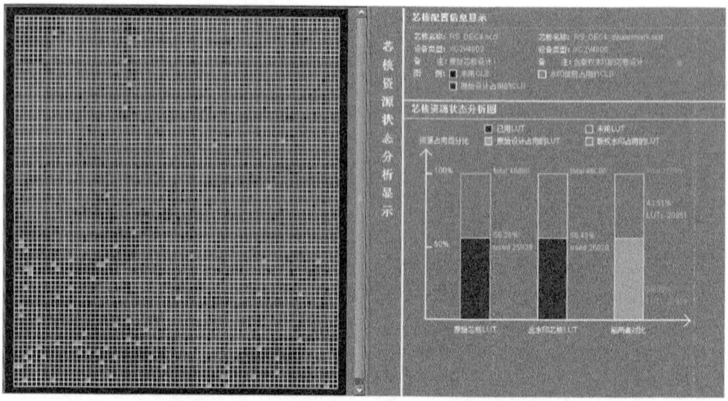

图 9.28　嵌入开销对比测试效果图

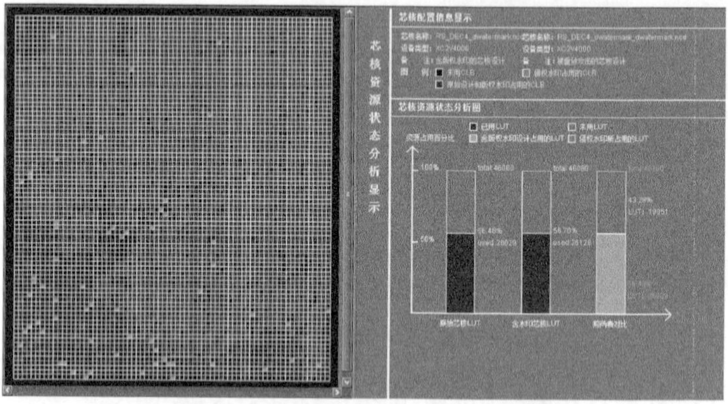

图 9.29　重放攻击后的分析测试效果图

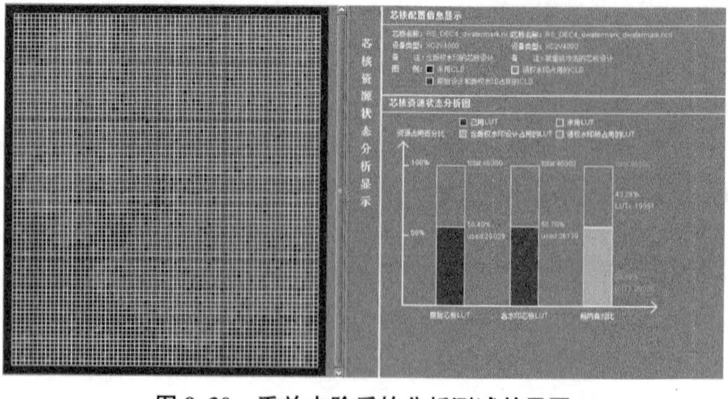

图 9.30　重放去除后的分析测试效果图

9.7　本章小结

针对数字集成电路中芯核知识产权保护的工程应用需求，本章在前述几个章节的理论设计与实验分析的基础上，设计了一个具有芯核知识产权保护、检测和认证功能的芯核电路知识产权保护的实验原型系统。同时，本章还对该原型系统中的混沌芯核水印算法、内容自恢复芯核水印认证方案，以及零知识芯核水印盲检测等方案的实现进行了较详细的介绍。通过本系统的实验应用效果，可以验证本书中各种芯核水印算法和检测认证算法的有效性。

结 束 语

本书系统地分析了芯核版权保护机制的必要性，针对芯核电路的特点，综合密码学和信息隐藏领域的技术，为不同约束条件下的芯核水印提出了合理、有效的解决方案。本书的研究工作为芯核版权安全保护领域展现了一个新的研究方向，对推进集成电路的健康发展奠定了坚实的理论基础和应用的现实意义。

在复杂电路系统设计中，芯核复用技术的产权保护十分关键。本书针对数字芯核复用设计提出了许多新型的水印技术，这些方法的鲁棒性强且易于使用。同时，这些方法在芯核版权保护设计领域中也是首次提出，希望能够引起芯核知识产权保护的设计者的关注。

尽管目前数字芯核水印相关的研究领域已经得到了国家信息安全保护部门的广泛重视，但是在实际应用环境中，芯核水印与取证技术的发展仍任重道远。由于目前没有现成的芯核安全保护标准可以参照，没有相似的成熟系统可以借鉴，在超大规模集成电路快速发展的时代，芯核水印与认证技术的发展在未来势必成为芯核安全研究领域一个富有挑战性、具有发展前途的方向。

虽然本书在芯核水印与取证技术中做了部分工作，但由于芯核水印和认证与应用密切相关，新的问题将随着新的应用不断出现。目前此技术的研究仍处于起步阶段，还存在许多有价值的问题亟待进一步研究。下一步主要完善以下工作：

(1) 本书中混沌映射方案主要利用了混沌映射中良好的随机性和加密性能，这是对芯核水印安全嵌入方案的有利补充，但是该方法的透明性和稳健性还有待进一步加强。本文中研究的芯核水印主要在各个电路抽象层中探索有效的嵌入机制，而对系统的嵌入模型没有过多的研究，如插入相关匹配测试电路模型以及抗攻击的等价嵌入电路模型等。

(2) 本书的前面四种方案分别利用了空闲 LUT 冗余属性、FSM

时间延时约束以及扫描链寄存器修改等嵌入方式，这给芯核电路带来了一定的性能影响。下一步可以结合水印嵌入机制中已有的优化算法，如 Rumor Riding 等算法，来减少水印嵌入过程中的各种影响。

(3) 本书中基于零知识证明协议的芯核水印盲检测方案由于没有通过第三方密钥管理来检测芯核水印信息，这将极大地简化版权管理的复杂性，表现出运行效率高、安全性好的特点。因此，研究和设计适用于公开应用场景下的安全芯核水印保护认证机制，将是今后还需深入研究的重要方向。

(4) 本书中第六种方案的嵌入方法采用的是在比特流文件的空闲 LUT 冗余属性中嵌入水印的方式，但这章的重点主要研究水印系统在受到攻击破坏时，水印的自恢复取证功能。本文只考虑了几种常规情况下的攻击方法。下一步工作，我们将考虑采用更多的攻击方法来检验这一算法的安全性和自恢复性，同时将进一步研究双重可恢复的芯核水印在不同的抽象层中的自恢复效率问题，这对我们的算法做了进一步的优化，追求更少的硬件开销，同时提高水印的嵌入和恢复的速度是非常重要的。

总之，本书研究的芯核水印技术已逐渐在芯核版权安全应用中展现出广阔的发展前景。由于目前该领域中的相关研究技术还处于前期的起步阶段，因此还存在许多具有理论研究意义和现实应用价值的问题亟待展开。在今后的研究中，鉴于开发可重用芯核模块的投资力度，这种应用还存在巨大的潜在影响力。

参考文献

[1] 孙圣和，陆哲明，牛夏牧. 数字水印技术及其应用. 北京：科学出版社，2004：156-178

[2] 姚东妮. 论集成电路的知识产权保护技术[EB/OL]. http：// www. newwestchina. com/xbyk/ShowArticle. asp? ArticleID=444，2012-2-25

[3] 十大中外知识产权标本[EB/OL]. http：// www. xyzlove. com/Transshipment/ Market/ sdzwzscqbb/ sdzwzscqb b. htm，2010-06-16

[4] Chroni M，Fylakis A，Nikolopoulos S D. A Watermarking System for Teaching Intellectual Property Rights：Implementation and Performance. In：Proc of 2012 International Conference on Information Technology Based Higher Education and Training(ITHET)，2012：1-8

[5] IC 企业专利诉讼[EB/OL]. http：// www. lawtime. cn/info/zhuanli/zlsssusong/2009 102436205. html

[6] Sur-Kolay S，Bhunia S. Tutorial T4：Intellectual Property Protection and Security in System-on-Chip Design. In：Proc of 2012 25th International Conference，2012：18-19

[7] VSI Alliance. Intellectual Property Protection White Paper：Schemes，Alternatives and Discussion. Version 1. 1. 2001：8

[8] Petitcolas F A P，Anderson R J，Kuhn M G. Information Hiding—A Survey. IEEE Special Issue on the Protection of Multimedia Content，1999：1062-1078

[9] Koushanfar F，Fazzari S，McCants C，et al. Can EDA Combat the Rise of Electronic Counterfeiting. In：Proc of 2012 49th ACM/EDAC/IEEE Design Automation Conference (DAC)，2012：133-138

[10] 中国政府网. 国务院关于印发进一步鼓励软件产业和集成电路产业发展政策的通知[EB/OL]. http：// www. gov. cn/zwgk/2011-02/09/content _ 1800432. htm，2011-12-20

[11] 中国公众科普网. 集成电路技术发展趋势[EB/OL]. http：// www. kpcn. org/news/Read. asp? NewsID=4869&kpcn=. 7055475，2012-12-20

[12] Majzoobi M, Koushanfar F, Devadas S. FPGA PUF Using Programmable Dely Lines. In: Proc of Information Forensics and Security(WIFS), 2010: 51-65

[13] Sur-Kolay S. Intellectual Property Protection and Security of SoCs. In: Proc of 2012 IEEE International An Embedded Tutorial, in SOC Conference (SOCC), 2012: 289-289

[14] Guajardo J, Guneysu T, Kumar S S, et al. Secure IP-Block Distribution for Hardware Devices. IEEE International Workshop on Hardware-Oriented Security and Trust, 2009: 82-89

[15] IC 企业专利诉讼[EB/OL]http: // www. lawtime. cn/info/zhuanli/zlsssusong/2009 102436205. html

[16] 南京源之峰科技有限公司侵犯集成电路布图设计专有权纠纷一案[EB/OL]http: // www. witlawyer. com/content4. php? ID=13&BigID1=15

[17] Becker G T, Kasper M, Moradi A, Paar C. Side-Channel Based Watermarks for Integrated Circuits. IEEE International Symposium on Hardware-Oriented Security and Trust (HOST), 2010: 30-35

[18] Kirovski D, Potkonjak M. Local Watermarks: Methodology and Application to Behavioral Synthesis. IEEE Trans. on Computer-Aided Design of Integrated Circuits and Systems, 2003: 1277-1283

[19] Marsh C, Kean T. A Security Tagging Scheme for Asic Designs and Intellectual Property Cores. Design & Reuse, 2007: 57-64

[20] Goren S, Ugurdag H F, Yildiz A, Ozkurt O. FPGA Design Security with Time Division Multiplexed PUFs. In: Proc of International Conference on High Performance Computing and Simulation(HPCS), 2010: 608-614

[21] Lach J, Mangione W H, Potkonjak M. Fingerprinting Techniques for Field-Programmable Gate Array Intellectual Property Protection. IEEE Transactions on Computer-Aided Design of Integrated Circuits and Systems, 2001: 1253-1261

[22] Guneysu T, Moller B, Paar C. Dynamic Intellectual Property Protection for Reconfigurable Devices. In: Proc of the 15th Annual IEEE Symposium on FPT. IEEE Computer Society, 2007: 287-288

[23] 李东晓，郑伟，张明. IP 芯核水印技术研究进展. 电路与系统学报，2007: 84-92

[24] Roy J A, Koushanfar F, Markov I L. EPIC: Ending Piracy of Integrated Circuits. In: Proc of the Conference on Design. Europe, 2008: 1069-1074

[25] Yip K, Ng T. Partial-Encryption Technique for Intellectual Property Protection of FPGA-Based Products. IEEE Trans Consumer Electronics, 2000: 183-190

[26] Nie T, Liu H, Zhou L. A Time-constrained Watermarking Technique on FPGA. In: Proc of 2012 International Conference on Industrial Control and Electronics Engineering (ICICEE), 2012: 795-798

[27] Halder R, Dasgupta P, Naskar S, Sarma S S. An Internet-based IP Protection Scheme for Circuit Designs Using Linear Feedback Shift Register (LFSR)-based Locking. In: Proc of the 22nd Annual Symposium on Integrated Circuits and System Design: Chip on the Dunes. Brazil, 2009: 384-389

[28] Saha D. A Unifed Approach for IP Protection across Design Phases in a Packaged Chip. In: Proc of 2010 23rd International Conference on VLSI Design. Washington DC IEEE Computer Society, 2010: 105-110

[29] Marolia P M. Watermarking FPGA Bitstream for IP Protection. Georgia Institute of Technology, 2008: 28-46

[30] 陆健峰，王朔中. 基于时间约束的 FPGA 数字水印. 电子与信息学报，2004: 1882-1887

[31] 苗胜，戴冠中，慕德俊. 基于 FPGA 的 IP 核水印保护方法. 微电子学与计算机，2007: 30-33

[32] Nie T, Li Y, Xu X, Toyonaga M. Performance Evaluation for Watermarking Techniques. In: Proc of 2010 International Conference on Biomedical Engineering and Computer Science. Wuhan, 2010: 1-4

[33] 张吉良，林亚平，吕勇强. 一种基于敏感度的时延驱动快速布局算法. 电子学报，2012: 2410-2414

[34] Zhang J L, Lin Y P, Wu Q, et al. Watermarking FPGA Bitfile for Intellectual Property Protection. Radioengineering, 2012: 764-771

[35] Zhang J L, Lin Y P, Lyu Y Q, et al. TimFastPlace: Critical-path Based Timing Driven FastPlace. IEICE Electronics Express, 2012: 1310-1315

[36] Ziener D, Baueregger F, Teich J. Using the Power Side Channel of FPGAs for Communication. In: Proc of the 2010 18th IEEE Annual International Symposium on Field-programmable Custom Computing Machines. Wash-

ington DC,2010:237-244

[37] Schmid M,Ziener D,Teich J. Netlist-level IP Protection by Watermarking for LUT-based FPGAs. In: Proc of International Conference on ICECE Technology. Taipei,2008:209-216

[38] Khan M,Tragoudas S. Rewiring for Watermarking Digital Circuit Netlists. IEEE Transactions on Computer-aided Design of Integrated Circuits and Systems,2005:1132-1137

[39] Kirovski D,Potkonjak M. Local Watermarks:Methodology and Application to Behavioral Synthesis. IEEE Transactions on Computer-aided Design of Integrated Circuits and Systems,2003;22(9)

[40] Xu J B,Long J,Liang W. A DFA-based Distributed IP Watermarking Method Using Data Compression Technique. Journal of Convergence Information Technology,2011:152-160

[41] Castillo E,et al. IPP Watermarking Technique for IP Core Protection on FPL Devices. In: Proc of IEEE 16th Conference on Field Programmable Logic and Applications,2006:487-492

[42] Raj N,Josprakash. Behavioral Level Watermarking Techniques for IP Identification Based on Testing in SoC Design. In:Proc of International Conference on Information Technology and Mobile Communication,2011:485-488

[43] Yu T T,Zhu Y S. A New Watermarking Method for Soft IP Protection. In: Proc of International Conference on Consumer Electronics,2011:38-42

[44] Cai X,Gao Z,Bai F,Xu Y. A Watermarking Technique for Hard IP Protection in Post-layout Design Level. In:Proc of 7th International Conference on ASIC. Guilin,2007:1317-1320

[45] Sun G,Gao Z,Xu Y. A Watermarking System for IP Protection by Buffer Insertion Technique. In: Proc of Proceedings of IEEE 7th Symposium on Quality Electronic Design,2006:671-675

[46] Lin M C,Tsai G R,Wu C R,Lin C H. Watermarking technique for HDL-based IP Module Protection. In:Proc of 3rd International Conference on Intelligent Information Hiding and Multimedia Signal Processing. IIHMSP, 2007:393-396

[47] Chapman R,Durrani T S. IP Protection of DSP Algorithms for System on Chip Implementation. IEEE Transactions on Signal Processing, 2000:

854-861

[48] Torunoglu I, Charbon E. Watermarking-based Copyright Protection of Sequential Functions. IEEE Journal of Solid-state Circuits, 2000: 434-440

[49] Oliveira A L. Techniques for the Creation of Digital Watermarks in Sequential Circuit Designs. IEEE Trans. on Computer-aided Design of Integrated Circuits and Systems, 2001: 1101-1117

[50] Abdel-Hamid A T, Tahar S. Fragile IP Watermarking Techniques. In: Proc of NASA/ESA Conference on Adaptive Hardware and Systems. Noordwijk, 2008: 513-519

[51] Xu W, Zhu Y. A Digital Copyright Protection Scheme for Soft-IP Core Based on FSMs. In: Proc of International Conference on Consumer Electronics, 2011: 3823-3826

[52] Cui A, Chang C H, Tahar S. IP Watermarking Using Incremental Technology Mapping at Logic Synthesis Level. IEEE Transactions on Computer-aided Design of Integrated Circuits and Systems, 2008: 1565-1570

[53] Wei Liang, Xingming Sun, Zhiqiang Ruan, Jing Long. The Design and FPGA Implementation of FSM-based Intellectual Property Watermark Algorithm at Behavioral Level. Information Technology Journal, 2011: 870-876

[54] Fan Y. Testing-based Watermarking Techniques for Intellectual-property Identification in SoC Design. IEEE Transactions on Instrumentation and Measurement, 2008: 467-479

[55] Zhang J L. Efficient Verification of IP Watermarks in FPGA Designs through Lookup Table Content Extracting. IEICE Electronics Express, 2012: 1735-1741

[56] Cui A, Chang C H. A Post-processing Scan-chain Watermarking Scheme for VLSI Intellectual Property Protection. In: Proc of 2012 IEEE Asia Pacific Conference on Circuits and Systems (APCCAS), 2012: 412-415

[57] Chang C H, Cui A. Synthesis-for-testability Watermarking for Field Authentication of VLSI Intellectual Property. IEEE Transactions on Circuits and Systems I: Regular Papers, 2010: 1618-1630

[58] Chang C H, Cui A, Tahar S, Abdel-Hamid A T. A Robust FSM Watermarking Scheme for IP Protection of Sequential Circuit Design. IEEE Transactions on Computer-aided Design of Integrated Circuits and Systems-

tems,2011:678-690

[59] Raj N,Josprakash,et al. Behavioral Level Watermarking Techniques for IP Identification Based on Testing in SoC Design. In: Proc of International Conference on Information Technology and Mobile Communication, 2011: 485-488

[60] Tu Y L,Gong S R. Universal Steganalysis Using Color Correlation and Feature Fusion. In: 2008 International Symposium on Information Science and Engineering-Shanghai,2008:107-111

[61] Newbould R D,Carothers J D,Rodriguez J J,et al. A Hierarchy of Physical Design Watermarking Schemes for Intellectual Property Protection of IC Designs. IEEE International Symposium on Circuits and Systems, 2002: 862-865

[62] Nie T,Kisaka T,Toyonaga M,et al. A Post Layout Watermarking Method for IP Protection. IEEE International Symposium on Circuits and Systems, 2005:6206-6209

[63] Qu G. Publicly Detectable Watermarking for Intellectual Property Authentication in VLSI Design. IEEE Transactions on Computer-aided Design of Integrated Circuits and Systems,2002:1363-1368

[64] Abdel-Hamid T,Tahar S,Aboulhamid E M. A Survey on IP Watermarking Techniques. International Journal on Design Automation for Embedded Systems. Springer-Verlag Press,2005:211-227

[65] Lach J, Mangione-Smith W H, Potkonjak. M. Robust FPGA Intellectual Property Protection through Multiple Small Watermarks. In: Proceedings of AMC 36th Design Automation Conference,2002:831-836

[66] Kirovski D, Hwang Y, Potkonjak M, et al. Protecting Combinational Logic Synthesis Solutions. IEEE Transactions on Computer-aided Design of Integrated Circuits and Systems,2006:2687-2696

[67] Cui A, Chang C H, Tahar S, Abdel-Hamid A T. A Robust FSM Watermarking Scheme for IP Protection of Sequential Circuit Design. IEEE Transactions on Computer-aided Design of Integrated Circuits and Systems,2011:678-690

[68] Guajardo J,Kuamar S S,Schrijen G J,et al. FPGA Intrinsic PUFs and Their Use for IP Protection. Cryptographic Hardware and Embeddend System,

2007:63-80

[69] Suh G E, Clarke D, Gassend B, et al, AEGIS: Architecture for Tamper-evident and Tamper-resistant Processing. In: Proc of the 17th Annual International Conference on Supercomputing, 2003:160-167

[70] Perez R, Sailer R, et al. Vtpm: Virtualizing the Trust Platform Module. In: Proc of the 15th Conference on USENIX Security Symposium, 2006: 305-320

[71] Nithyanand R, Solis J. A Theoretial Analysis: Physical Unclonable Functions and the Software Protection Problem. IEEE Symposium on Security and Privacy Workshops, 2012:1-11

[72] Pappu R S, Recht B, Taylor J, et al. Physical One-way Functions. Science, 2002:2026-2030

[73] Lim D, Lee J W, Lim D, et al. Extracting Secret Keys from Integrated Circuits. IEEE Transactions on Very Large Scale Integration (VLSI) Systems, 2005:1200-1205

[74] Lee J W, Lim D, Gassend B, et al. A Technique to Build a Secret Key in Integrated Circuits for Indentifaction and Authentication Applications. In: Proc of the IEEE VLSI Circuits Symposium, 2004:176-179

[75] Gassend B, Clarke D E, Dijk M, et al. Delay-based Circuit Authentication and Applications. In: Proc of SAC, 2003:294-301

[76] Suh G E, Devadas S. Physical Unclonable Functions for Device Authentication and Secret Key Generation. IEEE, LosAlamitos, 2007:9-14

[77] Morozov S, Maiti A, Schaumont P. An analysis of delay based puf implementations on fpga. In Reconfigurable Computing: Architectures, Tools and pplications, ser. Lecture Notes in Computer Science, 2007:425-436

[78] Kumar S, Guajardo J, Maes R, et al. The butterfly puf: Protecting ip on every fpga. In: Proc of HOST, 2008:67-70

[79] Gora M, Maiti A, Schaumont P. A flexible design flow for software ip binding in commodity fpga. In: Proc of SIES, 2009:211-218

[80] Atallah M J, Bryant E, Korb J T, et al. Binding software to specific native hardware in a vmenvironment: the puf challenge and opportunity. In: Proc of VMSec, 2008:45-48

[81] Posch. Protecting devices by active coating. J. UCS, 1998, 4(7):652-668

[82] Majzoobi M, Elnably A, Koushanfar F. FPGA Time-Bounded Unclonable Authentication. In: Information Hiding, 2010: 1-16

[83] Majzoobi M, Koushanfar F, Devadas S. FPGA PUF using programmable dely lines. In: Proc of Information Forensics and Security(WIFS), 2010: 51-65

[84] Majzoobi M, Koushanfar F, Potonjak M. Techniques for design and implementation of secure reconfigurable PUFs. In: Proc of ACM Transactions on Reconfigurable Technology, 2009

[85] Chang H, Cook L. Surviving the SOC Revolution: A Guide to Platform-Based Design. Norwell, MA: Kluwer Academic Publishers, 1999

[86] Martin G, Chang H. Winning the SoC Revolution: Experiences in Real Design. Norwell, MA: Kluwer Academic Publishers, 2003

[87] Cox I J, Miller M L, Bloom J A. Digital watermarking. New York: Morgan Kaufmann Publishers, 2002

[88] Virtex-5 FPGA User Guider UG190. Available at: http: // www. xilinx. com/support/documentation/user _ guides/ug190. Pdf, 2010

[89] Saha D, Sur-Kolay S, et al. Fast Robust Intellectual Property Protection for VLSI Physical Design. In: Proc of IEEE 10th International Conference on Information Technology, 2007: 1-6

[90] FPGA 技术网. FPGA 的构成单元[EB/OL]. http: // www. fpga-cpld. com/ artical/ fpga/013/, 2011-11-15

[91] Saha D, Dasgupta P, Sur-Kolay S, et al. A Novel Scheme for Encoding and Watermark Embedding in VLSI Physical Design for IP Protection. In: Proc of the International Conference on Computing: Theory and Applications, 2007: 325-338

[92] Nie T, Kisaka T, Toyonaga M, et al. A Post Layout Watermarking Method for IP Protection. IEEE International Symposium on Circuits and Systems, 2005: 6206-6209

[93] Lach J, Mangione-Smith W H, Potkonjak M. Fingerprinting techniques for field-programmable gate array intellectual property protection. IEEE Trans. on Computer-Aided Design of Integrated Circuits and Systems, 2001: 1253-1261

[94] Lach J, Mangione-Smith W H, Potkonjak M. Signature hiding techniques for FPGA intellectual property protection. IEEE/ACM International Confer-

ence on Computer-Aided Design, 1998: 186-189

[95] Schmid M, Ziener D, Teich J. Netlist-Level IP Protection by Watermarking for LUT-Based FPGAs. In: Proc of IEEE International Conference on Field-Programmable Technology, 2008: 209-216

[96] Castillo E, Meyer-Baese U, García A. IPP@HDL: efficient intellectual property protection scheme for IP cores. IEEE Transactions on VLSI Systems, 2007: 578-591

[97] Qu G. Publicly detectable watermarking for intellectual property authentication in VLSI design. IEEE Transactions on Computer-Aided Design of Integrated Circuits and Systems, 2002: 1363-1368

[98] Jain A K, Yuan L, Pari P R, et al. Zero overhead watermarking technique for FPGA designs. In: Proc of Great Lakes Symposium on VLSI., 2003: 147-152

[99] Caldwell A E, Choi H J, Kahng A B, et al. Effective iterative techniques for fingerprinting design IP. IEEE Transactions on Computer-Aided Design of Integrated Circuits and Systems, 2004: 208-215

[100] Du Y, Ding Y, Chen Y, et al. IP Protection Platform Based on Watermarking Technique. In: Proc of the 2009 10th International Symposium on Quality of Electronic Design, 2009: 287-290

[101] Wang H, He C, Ding K. Robust Public Watermarking Based on Chaotic Map. Journal of Software, 2004: 1245-1251

[102] Munir R, Riyanto B, Sutikno S, et al. Secure Spread Spectrum Watermarking Algorithm Based on Chaotic Map for Still Images. In: Proc of the International Conference on Electrical Engineering and Informatics, 2007: 180-183

[103] Zhang C, Zhang J. Robust Image Watermarking Based on Chaotic Mapping. Acta Electronica Sinica, 2002: 69-72

[104] Opencores. Org. Basic DES Crypto Core: Overview. Available at http://www.opencores.org/projects.cgi/web/basicdes, 2009-06-10

[105] Opencores. Org. HCSA adder and Generic ALU based on HCSA: Downloads. Available at http://opencores.org/project, hcsa _ adder, overview, 2009-6-10

[106] Opencores. Org. Basic RSA Encryption Engine: Overview. Available at ht-

tp://opencores.org/projects.cgi/web/basicrsa,2009-06-10

[107] Qureshi M A,Tao R. A comprehensive analysis of digital watermarking. Inform. Technol. J. ,2006:471-475

[108] 苗全. 功耗分析攻击研究及抗功耗分析攻击密码芯片设计:[博士论文]. 山东济南:山东大学,2012:123-134

[109] Kam T, Villa T, Brayton R, Sangiovanni-Vincentelli A. Synthesis of FSMs: Functional Optimization. Amsterdam, The Netherlands: Kluwer, 1997

[110] Pruteanu, Haba C. GenFSM: A finite state machine generation tool. In: Proc of 9th Int. Conf. Dev. Applicat. Syst. ,2008:165-168

[111] Yuan L, Qu G. Information hiding in finite state machine. In Information Hiding Workshop, 2004:340-354

[112] Abdel-Hamid A T, Tahar S, Aboulhamid E M. Finite state machine IP watermarking: a tutorial. In: Proc of 1st NASA/ESA Conference on Adaptive Hardware and Systems, 2006:457-464

[113] Cui A, Chang C H. Intellectual Property Authentication by Watermarking Scan Chain in Design-for-Testability Flow. In: Proc of Intl. Symposium on CAS, 2008:2645-2648

[114] Castillo E, Meyer-Baese U, Parrilla L, et al. Digital Signature Embedding Technique for IP Core Protection, In: Proc of 3rd Southern Conference on Programmable Logic (SPL 2007), 2007:143-148

[115] Castillo E, Parrilla L, García A, et al. Intellectual Property Protection of IP cores at HDL Design Level with Automatic Signature Spreading. In: Proc of International Conference on Advances in Electronics and Micro-electronics, 2008:45-59

[116] Charbon E, Torunoglu I. Watermarking Techniques for Electronic Circuit Design. In: Proc of the 1st international conference on Digital watermarking, 2003:147-169

[117] Castillo E, Parrilla L, Garcia A. Automated Signature Insertion in Combinational Logic Patterns for HDL IP Core Protection. In: Proc of 4th Southern Conference on Programmable Logic. San Carlos de Bariloche, 2008: 183-186

[118] Saha D, Sur-Kolay S. A Unifed Approach for IP Protection Across Design Phases in a Packaged Chip. In: Proc of 23rd International Conference on

VLSI Design,2010:105-110

[119] Adelsbach A,Katzenbeisser S,Sadeghi A R. Watermark detection with zero-knowledge disclosure. ACM Multimedia Systems Journal,2003:266-278

[120] Adelsbach A,Katzenbeisser S,Sadeghi A R. Cryptography meets watermarking:Detecting watermarks with minimal or zero knowledge disclosure. In:Proc of the European Signal Processing Conf. ,2002:446-449

[121] Adelsbach A,Sadeghi R. Zero knowledge watermark detection and proof of ownership. In:Information Hiding The 4th Int'l Workshop,2001:273-287

[122] Craver S,Memon N,Yeo B L,ea al. Resolving rightful ownerships with invisible watermarking techniques: Limitations, attacks and implications. IEEE Journal on Selected Area in Communications,1998:573-586

[123] Bellare M,Goldreich O. On defining proofs of knowledge. In:Proc of Advances in Cryptology,Crypto'92. LNCS 740. Berlin,1993:390-420

[124] Jain R,Kolla A,Midrijanis G,et al. On parallel composition of zero-knowledge proofs with black-box quantum simulators. Quantum Information Sz Computation,2009:513-532

[125] Chailloux A,Ciocan D F,Kerenidis I,et al. Interactive and Noninteractive Zero Knowledge are Equivalent in the Help Model. In: Proc of TCC. , 2008:501-534

[126] Kobayashi H. Non-interactive Quantum Perfect and Statistical Zero-Knowledge. Proceedings of ISAAC,2003:178-188

[127] Ramkumar M,Akansu A. Image watermarks and counterfeit attacks:Some problems and solutions. In:Proc of the Symp. On Content Security and Data Hiding in Digital Media. Newark:New Jersey Institute of Technology, 1999:102-112

[128] 邹萧湘,戴琼,黄晁,李锦涛. 零知识水印验证协议. 软件学报,2003:1645-1651

[129] Cox I J,Kilian J,Leighton T,et al. Secure spread spectrum watermarking for multimedia. IEEE Trans. on Image Processing,1997:1673-1687

[130] Craver S. Zero knowledge watermark detection. In: Proc of Information Hiding: The 3rd Int'l Workshop. LNCS 1768. Berlin: Springer-Verlag, 2000:101-116

[131] Goldwasser S, Micali S, Rivest R L. Adigital signature scheme secure

against adaptive chosen-message attacks. SIAM J. Comput, 1988: 281-308

[132] Saha D, Sur-Kolay S. Secure Public Verification of IP marks in FPGA design through a zero-knowledge protocol. IEEE transactions on very large scale integration systems, 2012: 1749-1757

[133] Goldreich O, Oren J. Definitions and properties of zero-knowledge proof systems. Journal of Cryptology, 1994: 1-32

[134] Kepa K, Morgan F, Kosciuszkiewicz K, et al. SeReCon: a secure dynamic partial reconfiguration controller. In: Proc Of ISVLSI. Montpellier, France, 2008: 32-38

[135] Kepa K, Morgan F, Kosciuszkiewicz K. Intellectual property protection in self-reconfigurable embedded systems. In: proc of international conference on consumer electronics, 2009: 1-2

[136] Glas B, Klimm A, et al. A System Architecture for Reconfigurable Trusted Platforms. In: proc of DATE, 2008: 261-278

[137] King S T, Tucek J, Cozzie A, et al. Designing and implementing malicious hardware. In: First USENIX Workshop on Large-Scale Exploits and Emergent Threats(LEET), 2008: 38-67

[138] Becker G T, Strobel D, Paar C, et al. Detecting Software Theft in Embedded Systems: A Side-Channel Approach. IEEE Transactions on Information Forensics and Security, 2012: 1144-1154

[139] Note J, Rannaud E. From the bitstream to the netlist. In: Proc of the 16th international ACM/SIGDA symposium on FPGA, 2008: 264-264

[140] Xilinx, IPCenter. www. xilinx. com/products/ipcenter/advancedsearch. Htm

[141] Chroni M, Fylakis A, Nikolopoulos S D. A watermarking system for teaching intellectual property rights: Implementation and performance. In: 2012 International Conference on Information Technology Based Higher Education and Training(ITHET), 2012: 1-8